KB122618

# 천자문千字文 공부

[3권]

동봉 스님의

# 천자문千字文 공부

## [3권]

동봉東峰 스님 우리말 번역 및 해설

도서출판 도반

# 동봉東峰 스님

강원도 횡성에서 태어나 1975년 불문에 귀의하였다. 해인사 승가대학, 중앙승가대, 동국대 불교대학원에서 공부했다.

법명은 정휴正休, 자호는 일원一圓, 법호는 동봉東峰, 아프리칸 이름은 기포kipoo起泡다.

1993~1997년 BBS 불교방송에서 〈살며 생각하며〉, 〈자비의 전화〉 등 26개월에 걸쳐 생방송을 진행하였다.

동아프리카 탄자니아에서 52개월간 머물며 말라리아 구제 활동을 했으며 한국 불교인으로서는 최초로 아프리카에 '학교법인 보리가람스쿨'을 설립하였고 탄자니아 수도 다레살람에 매입한 학교 부지 35에이커와 킬리만자로 산기슭에 개척한 부처님 도량, 사찰 부지 3에이커를 조계종 산하 '아름다운 동행'에 기증하여 종단에서 '보리가람농업기술대학교'를 세워 2016년 9월 개교, 운영하고 있다.

곤지암 '우리절' 창건주이자 회주로서 책, 법문, 소셜미디어 등을 통해 부처님 법을 전하고 있으며, 특히 〈기포의 새벽 편지〉 연재는 3,000회를 넘었다. 지금은 광주 우리절 주지로서 수행자로서의 삶을 이어가고 있다.

《사바세계로 온 부처님의 편지》, 《마음을 비우게 자네가 부처야》, 《아미타경을 읽는 즐거움》, 《불교 상식 백과》, 《밀린다왕문경》, 《평상심이 도라 이르지 말라》, 《반야심경 여행》, 《법성게》, 《내비 금강경》, 《동몽선습 강설》, 《디마케터 스님》, 시집 《음펨바 효과》, 《시간의 발자국이 저리 깊은데》 등 70여 권의 저서와 역서가 있다.

## 차 례

<049>

## 묵墨비悲사絲염染
## 시詩찬讚고羔양羊

0193 **먹 묵**墨

0194 **슬플 비**悲

0195 **실 사**絲

0196 **물들일 염**染



묵적선생 염색함을 슬피여기고
시경속의 고양편을 찬양했으니

0193 먹 묵

# 墨

'먹을 가까이하면 검어진다.' 라는 표현이 있습니다.
여태껏 좋은 쪽보다는 되레 안 좋은 쪽으로
얘기가 되는 게 먹이고 먹물입니다.
그래서 생김새가 다소 거무튀튀하면
"꼭 먹도둑놈처럼 생겼다"고 하지요.
일반인들은 흰 옷을 입고 있는데
스님네는 먹물옷을 입었기에
백의白衣에 대한 치의緇衣였습니다.



어려서부터 '먹'이라 하면 무조건 검은 색이었고
검을 흑黑자와 관련짓곤 하였습니다.
실제로 검은 색이란 색은 검을 흑黑 부수를 달고 있지요

검을 흑黑黒潶
시커멀 알黖 묵묵할 묵默黙
검은빛 간皯, 때 담黕, 점 점點, 눈썹먹 대黛 등
검을 흑黑 부수가 65글자나 되기에 다 올릴 수 없지요.

공화당이니, 민주당이니, 공산당이니 하는
그 당黨 자를 무리 당黨 자로 새기고 있는데
검을 흑黑 부수에 들어 있습니다.

정치가 본디 정직해야 함에도 불구하고
뒤로는 늘 꼼수가 숨어있기에
정당의 당인 무리 당黨 자가
검을 흑黑 부수에 들었을 것입니다.

우리 부처님보다
150여 년 정도 이 세상에 늦게 태어나
박애를 주장하고 평화를 사랑하고
나아가 카메라의 원리를 설파했던
머짜이墨翟mozhai 선생이 슬퍼한 게 뭘까요.
흰 실이 물드는 것을 슬퍼했습니다.

이는 비유일 뿐이고
사실은 정치인들을 염두에 두었지요.
그때나 지금이나 정치인들이
입으로는 백성을 위하고
말로는 국가를 위한다 하면서도
정작 뒤로 챙기는 것은

자기들 밥그릇뿐이었음을 안 것이지요.

선량하고 정직한 사람들도
정치 무리에 휩쓸리노라면
끝내 꼼수에 물들고야 마는 것을
이를 슬퍼한 것입니다.

머쯔墨子(B.C480~390) 선생의 평화 사랑을
한 마디로 표현한 유명한 일화가 있습니다.
곧 '머짜이의 지킴墨翟之守'입니다.
중국어 발음으로는 '머짜이쯔써우'지요.
어디 한 번 보시겠습니까.

추楚chu나라의 도읍이었던
후베이성湖北省 영내에 도착한 머쯔가
꽁쑤판公輸盤Gongshupan을 찾아갔습니다.
꽁쑤판이 추왕을 위해 운제계雲梯械라는
새로운 공성기攻城機, 곧 성을 공격하는 기계를 만들어
쏭宋Song나라를 치려 한다는 말을
소문을 통해 들었기 때문이었습니다.

공교롭게도 당시 쏭나라는

바로 머쯔 선생이 태어나고 자란
머쯔의 '어머니 나라'였습니다.
머쯔 선생께서 꽁쑤판에게 말했습니다.
"북방에 나를 모욕하는 자가 있는데
꽁쑤판 그대가 지략이 뛰어나다시니
날 위해 그를 죽여 줄 수는 없겠소이까?"

꽁쑤판이 멋쩍은 얼굴로 대답했습니다.
"나는 의義를 중히 여기는 사람입니다.
함부로 살인 같은 짓은 하지 않습니다."
머쯔 선생이 되물었습니다.
"사람 하나 죽이지 않는 게 '의'라고 하면
왜 죄 없는 쏭나라 백성을 죽이려 하십니까?"

갑작스런 질문에 답이 궁한 꽁쑤판은
머쯔 선생을 추나라 왕에게 안내했습니다.
머쯔 선생이 추왕에게 물었지요.
"존경하는 추왕이시여!
새 수레를 소유한 사람이
이웃집 헌 수레를 훔치려 하고
비단 옷을 잘 차려입은 사람이
이웃집 누더기 옷을 훔치려 한다면

존경하는 추왕 전하께서는
이를 어떻게 생각하시겠나이까?"

추왕이 답했습니다
"그건 아마 도벽 때문에 그럴 것이오."
"하오면 존경하는 추왕이시여!
사방 5,000리 넓은 국토에다가
온갖 짐승과 초목까지 넉넉한 추나라가
사방 겨우 500리밖에 안 되는
가난한 쏭나라를 치려는 것과
무엇이 다르다고 생각하십니까?"

허를 찔린 추왕이 급히 둘러댔습니다.
"과인은 단지 꽁쑤판의 운제계를
한번 실험해 보려 했을 뿐이지
전쟁을 하려는 것은 아니었습니다."
"하오면, 존경하는 추왕이시여, 외람되오나
외신外臣이 여기서 꽁쑤판이 만든 운제계 공격을
한 번 막아 보아도 괜찮겠나이까?"

머쯔 선생은 추왕이 보는 앞에서
꽁쑤판의 운제계를 두고

기묘한 공방전을 벌이게 되었습니다
머쯔 선생은 자신의 허리띠를 풀어
성 모양으로 이리저리 사려 놓고
나뭇조각으로 방패를 만들었습니다.
꽁쑤판도 즉석에서 모형 운제계를 만들었지요.
그리고는 그 모형 운제계로
머쯔의 성을 아홉 번이나 공격했습니다.

그때마다 머쯔 선생은
아홉 번 모두 성을 굳게 지켜냈지요.
이것을 지켜본 추나라 왕은
머쯔 선생에게 말했습니다
"머짜이 선생님. 약속하겠소이다.
과인은 쏭나라를 치지 않겠습니다."

머짜이쯔써우墨翟之守
곧 '머짜이의 성 지킴'이 성공했습니다.
오늘날 한반도의 남과 북이
이토록 첨예하게 대립한 상태에서
머짜이 선생과 같은 이가
우리 정치인들 중에는 없는 것입니까.

성을 공격하는 기계 운제계보다
수천만 배나 더 위험한
핵무기를 놓고 연일 협박이 오가는 상황에서
머짜이쯔써우의 공을 세울 만한
이 시대의 머쯔 선생은 없는 것입니까.
먹 묵墨 자는 검을 흑黑 부수에
흙 토土 자를 놓은 글자입니다.
먹은 아궁이 이맛돌에서 나옵니다.
이맛돌의 그을음을 긁어 모아
먹으로 만든 데서 나온 단어입니다.
이른바 잉크 스틱Ink stick이지요.

왜 돌 석石 자를 쓰지 않고 흙 토土 자를 썼을까요.
멀레큘러molecular입니다.
멀레큘러, 곧 분자分子입니다.
따지고 보면 돌의 분자가 흙이고
흙의 원형이 곧 돌이니까요.
이맛돌里이 검어黑지는 것은
그렇습니다. 바로 불길灬 때문입니다.

0194 슬플 비

# 悲

슬픔이란 사랑의 다른 표현입니다.
슬픔悲은 아닐 비非에 마음 심心을 바탕으로 하고
사랑慈은 이 자玆에 마음 심心을 바탕으로 합니다.
사랑 자慈는 긍정玆하는 마음心입니다.
대자대비大慈大悲를 근간으로 한
부처님의 크나크신 사랑과
관세음보살을 비롯한 보살마하살의 크신 사랑은
한없는 부정悲과 긍정慈의 총합입니다.

진정한 사랑은 그렇습니다
때로는 사랑의 매로 가르치고
때로는 사랑의 손길로 어루만지는
부정의 사랑悲과 더불어
긍정의 사랑慈을 함께 써야 합니다.

## 0195 실 사

# 絲

실은 누에고치에서 나왔습니다.
나는 절에 들어오기 전까지
봄과 가을에 어머니를 도와
적지만 집에서 반 장씩 누에를 쳤습니다.
누에가 입에서 실을 뽑아내어 고치를 짓는 모습은
열 번을 보고 백 번을 보더라도
그야말로 예술이었습니다.

겨울이면 엄마들이 아이들을 위해 뜨개질을 하지요.
아이들 티셔츠 하나를 뜨는데
어느 정도의 실이 들어가겠습니까.
놀라지 마십시오.
한라산 높이의 3.5배인 6,500m의 실이 소요됩니다.

그렇다면 누에 한 마리가 뽑는 실의 길이는
어느 정도나 되겠는지요.
이번에는 놀라셔도 좋습니다.

평균 한라산 높이입니다.
그렇습니다. 짧게는 1,500m에서
길게는 2,300m까지라고 하니까요.

그 하얀 명주실이 시커멓게 물드는 모습을 보며
머쯔 선생께서는 슬퍼했지요.
이것이 묵비사염墨悲絲染입니다.
물든 이들은 일반 백성들이 아닙니다.
정치 패거리黨에 들어가기만 하면
너나없이 꼼수에 물이 드는 것
머쯔 선생은 이를 슬퍼한 것입니다.
당黨 자가 '패거리 당' 자입니다.

그럼에도 정치인들은 자기들과 무관한 듯 도배합니다.
벽을 바르듯 발라버리는 것이지요.
흰 실은 백성들의 옷 빛깔이고
시커먼 물은 정치인들의 마음 빛깔입니다.
비록 순수한 백성들이라도
정치판에 뛰어들면 시커멓게 되는
그런 현실을 머쯔 선생은 아파했습니다.

## 0196 물들일 염

# 染

염색에 대해서는 참 할 말이 많습니다.
긴 얘기는 다 못하고, 염료는 어디서 채취하나요?
요즘은 화학염료가 대세이지만
옛날에는 천연염료였습니다.

마디풀과의 한해살이 풀인 쪽藍에서
붉나무에 기생하는 오배자에서
오징어 먹물에서
조개류의 분비물 생석회에서
콩대 쑥대 등을 태워 내린 잿물에서
녹슨 철에서 우려낸 철장액에서
황토黃土, 자토紫土, 적토赤土에서 염료를 뽑습니다.

풋감에서, 대나무 숯에서
홍화에서 치자 등에서 뽑습니다.
이들이 모두 자연木이지요
이 자연木에서 염료를 찾아내어

아홉九 번이나 물氵들인다 해서
생긴 글자가 곧 물들일 염染 자입니다.
천연염색, 아! 예술의 총아입니다.

<050>

## 묵墨비悲사絲염染
## 시詩찬讚고羔양羊

0197 글 시詩

0198 기릴 찬讚

0199 새끼양 고羔

0200 양 양羊



묵적선생 염색함을 슬피여기고
시경속의 고양편을 찬양했으니

본디 《시징詩經Shijing》에 들어 있는
〈까오양羔羊Gaoyang편〉이
아름다운 것은 사실일지 모르나
봉건시대라 왕조의 찬양이 주를 이룹니다.
305수의 시가 실려있는 《시징詩經》이 있습니다.
이 가운데서 〈까오양편〉은 모두 3장으로 엮여 있지요.

## 0197 글 시

# 詩

말씀 언변言에 절 사寺 자를 썼습니다.
언言이 의미고 사寺가 소릿값이지요.
나는 '언어의 숲'이라 풀이합니다.
영어로는 포에트리Poetry
운문에 해당하는 버스Verse
또는 포엠Poem이라 하는데
여기서는 한 수 한 수의 시가 아닙니다.
중국의 사서삼경 중의 하나인
유명한 《시징詩經》을 가리킵니다.

0198 기릴 찬

# 讚/赞

말씀 언변言에 찬미할 찬贊을 붙였지요.
역시 언言이 의미값이고
찬贊이 소리값에 해당합니다.
영어로는 프레이스Praise입니다.
일루자이즈Eulogize라고도 하지요.
찬미할 때 어디 맨입으로 합니까.
그렇다면 얼마나 좋을까요.

공물貢物Tribute입니다.
무엇보다 물질貝이 우선先합니다.
그도 우선先에 우선先하지요.
예로부터 선물 없는 찬미는
그다지 높은 가치를 두지 않습니다.
슬픈 일이지만 그게 현실입니다.
언 오브젝트 오브 새크리파이스
an object of sacrifice
희생물犧牲物이 필요합니다.

찬미의 찬贊/赞 자에 뜻이 들어있지요.

## 0199 새끼양 고

희생물의 희생犧牲이
모두 소 우변牜이 들어가듯이
서양에서의 양과 달리
동양에서는 소를 희생물로 썼습니다.
아무튼 염소나 새끼 양은
고기가 부드럽고 연하기 때문에
고기로도 그만이지만
새끼양의 가죽 램스킨Lambskin은
파츠멘트Parchment라 하여
공물로는 최고급에 해당합니다.

지금은 어떤지 모르나
전에 내가 탄자니아에 머물 때는
케냐Kenya 탄자니아 등에서

얼룩말 가죽 곧 지브라 스킨Zebraskin이
고가로 해외에 반출되곤 했습니다.
어쩌면 〈까오양편〉의 새끼양과
양羊Sheep이《시징》의 편명이면서
동시에 희생양을 뜻할 수도 있습니다.

새끼양 고羔 자를 보면
양 양羊에 불 화灬를 밑에 달고 있는데
무두질灬한 양가죽이라 보이며
어린 양고기 바베큐일 수도 있습니다.

## 0200 양 양

양은 소처럼 반추동물입니다.
반추란 되새김질Rumination이지요.
위가 자그마치 4개나 되는데
천적인 육식 동물 때문에
재빨리 풀을 뜯어 위에 저장했다가

시간이 여유로울 때 이를 게워내어 되새김질합니다.

반추 동물의 또 다른 특징은
크고 날카로운 뿔을 갖고 있다는 것입니다.
천적인 육식 동물이 다가왔을 때
몸을 보호하는 호신용으로
반드시 뿔이 필요했을 테니까요.

<051>

경景행行유維현賢

극克념念작作성聖

0201 볕 경景

0202 다닐 행行

0203 벼리 유維

0204 어질 현賢

가는일이 빛난다면 현인이되고

자기욕망 이기는자 성인이되네

## 0201 볕 경

볕 경景 자와 다닐 행行 자는
묶어서 얘기하면 여행을 뜻합니다.
여행을 모르는 사람은, 춤을 모르고
음악을 모르고, 예술을 모르고
시와 문학을 모르고, 게임과 스포츠를 모르듯
생각보다 많이 고루하다 할 것입니다.

여행을 모르는 사람은
미래가 없고, 희망이 없고, 과거가 없고
추억이 없고, 현재가 없고, 웃음이 없습니다.
향기와 기쁨이 없고, 사랑과 행복이 없듯이
한없이 삭막하고 퍽 딱딱할 것입니다.

여행에는 선험적 여행이 있고 경험적 여행이 있습니다.
선험先驗과 경험經驗을 얘기하다 보니까
임마누엘 칸트Immanuel Kant(1724~1804)의
철학을 대하듯 느껴지지 않습니까.

선험이란 경험 이전의 세계로
정신적 이론적 여행이 될 것입니다.

그렇다면 경험적 여행은 무엇일까요.
몸으로 뛰고 발로 뛰는 여행입니다.
이론으로 알고 있는 세계를
몸소 실험을 통해 경험함입니다.
여행의 묘미는 몸으로 뛰면서
몸으로 느끼는 데 있습니다.
몸에는 오감五感이 함께합니다.

몸의 여행이 묘미를 느끼려면
정신 여행이 충분해야만 하겠지요.
이론 여행이 넉넉하지 않으면
맛을 제대로 느낄 수 없습니다.
이론 여행이라면 어떤 게 있겠습니까.
보통사람으로는 우주 지식은 거의가 이론에 그칩니다.

우주복을 입고, 우주선을 타고
지구와 대기권을 벗어나 우주로 여행한 사람이라면
아직 손가락에 꼽을 정도일 것입니다.
우리가 우주에 대해서 이러쿵저러쿵하지만

이는 어디까지나 이론일 뿐이지요.

그렇다고 모의 실험模擬實驗
곧 시뮬레이션Simulation 한 번 없이
고귀한 인간의 생명을 광활하고 거친 저 우주 속에
그냥 던져버릴 수는 없지 않겠습니까.
이론 여행을 충분하게 한 뒤 몸 여행길에 오를 때
여행의 재미는 깊이를 더할 것입니다.

나는 깨달음도 이와 같다고 봅니다.
믿음과 이해와 실천과 궁극이라는
신해행증信解行證에서 믿음과 이해라는 단계 없이
곧바로 실천의 단계로 뛰어드는 것은
시뮬레이션 한 번 없이 곧바로 우주로 나아감과 같습니다.

그건 천체 우주물리학이나
핵물리학과 같이 위험한 경우이고
여행은 위험한 것이 아니라서 몸 여행을 먼저 하고
이론 여행은 천천히 해도 된다고요?
그럴 수도 있습니다.
영화를 보기 전에 시놉시스를 먼저 읽고
나중에 영화를 보게 되면

김이 빠진다는 이들도 더러 있더군요.

그런데 나는 아니더라고요.
머리가 둔해서 그런지는 모르겠으나
어차피 영화도 이해를 필요로 하니까.
미리 골자를 읽고 난 뒤 영화를 관람한다면
이해가 빠르지 않겠습니까.

나는 할 수만 있다면 인생도
일종의 시놉시스를 설정하고
설정을 따라 열 번이고 백 번이고
시뮬레이션을 거친 뒤에
제대로 한 번 살아보고 싶습니다.
세상에 시뮬레이션 없는 것은
소위 가장 소중하다는 인생뿐일 것입니다.

한 번도 가보지 못한 우주라든가
한 번도 경험해 보지 않은 물리 이론도
시놉시스와 시뮬레이션이 가능한데
어째서 인간의 삶은 그게 불가능할까요.
인생은 모의 실험이 불가능하고
인생은 줄거리 설정이 불가능하고

사랑은 계획대로 되는 게 아니라 하더라도
여행만큼은 책을 통해서
인터넷을 통해 미리미리 찾아본 뒤
몸 여행을 떠나길 권합니다.

### 0202 다닐 행/항렬 항

다닐 행行 자는 파자하면 이렇습니다.
왼쪽의 두인변彳이 자축거림이고
오른쪽의 촉亍이 멈춤이며
외발로 걸음이며 이는 앙감질함입니다.
앙감질이란 한 발로 뛰는 것입니다.
다른 한 발은 들고 뜁니다.

자축거림이란 조심스러움이고
걸음을 천천히 함이고
뒤뚱뒤뚱 다리를 저는 모습입니다.
여행은 뒤뚱거리며 걷는 것입니다.

여행은 조심스런 걸음입니다.
여행은 새로운 것을 관찰함이 아니라
이미 알고 있는 것을 확인함입니다.
여행을 통해 현자가 됩니다.

## 0203 벼리 유

속담에 이런 말이 있습니다.
"그물이 열 자라도 벼리가 으뜸이라"
"그물이 삼천 코라도 벼리가 으뜸"
벼리란 말은 현실에서 잘 쓰지 않습니다.
다른 말로는 깃이지요. 옷깃의 깃입니다.
영어로는 가이드 로프Guide rope입니다.
가이Guy가 사내, 놈, 녀석이지만
버팀 밧줄, 당김줄의 뜻도 있습니다.
크레인 따위의 버팀 밧줄이고
기구, 비행기의 유도 밧줄입니다.

유현維賢 두 글자를 한데 묶으면
덕이 높은 버츄어스Virtuous
솜씨 있는 탈렌티드Talented
곧 현자의 세계로 들어감에 있어서
가이드 로프처럼 당김밧줄입니다
벼리는 원뿔형 그물의 손잡이 끈입니다.
버츄어스라 번역되고 탈렌티드라 풀이되는
현자賢者의 세계는 어떤 경지일까요.

불교의 설을 빌리면 성자聖者가 부처님 경지라면
현자는 다름 아닌 보살의 경지입니다.
중국을 여행하다 보면
콩쯔孔子 선생을 모신 사당寺廟을
대성전大成殿이라 하거나
지성전至聖殿이라 하고 있습니다.

대성전은 완벽大하게 이룬成 분
곧 위대한 성자를 모셨다는 뜻이고
지성전은 콩푸쯔孔夫子라는
지성至聖을 모신 곳이란 뜻입니다.
마치 불교의 부처님처럼
지성에 오른 분이 누구겠습니까.

바로 콩쯔 선생이시지요.

콩쯔를 성자로 받드는 데는
콩쯔 어록《룬위論語Lunyu》
〈웨이쩡피엔爲政篇weizhengpian〉에서
찾아볼 수가 있을 것입니다
유교의 대표적 경전《룬위》는
모두 7권 20편으로 이루어져 있지요.

콩쯔께서는 말씀하셨습니다.
"나는 열다섯 살에 배움에 뜻을 두었고
서른 살에 입신立身하였으며
마흔 살에 마음이 흔들리지 않았고
쉰 살에 천명天命을 알았으며
예순 살에 듣는대로 이해하였다.
그리고 일흔 살이 되었을 때
마음 내키는 대로 하더라도
마침내 법도에 어긋나지 않았다."

종심소욕從心所欲 "마음 내키는 대로 하더라도"
이 대목에서 콩쯔의 말씀이 빛납니다.
불유구不踰矩 "마침내 법도에 어긋나지 않았다."

범부들이 살면서 마음 내키는 대로 하는데
법도에 어긋나지 않는다는 게 쉽나요.

생각보다 어렵습니다.
성인 성聖자를 파자해 보면 이렇습니다.
성자는 먼저 남의 소리를 듣耳고
나중에 마음껏 내 이야기를 풀口되
듣고 말하는 데 마음껏 맡기壬더라도
어긋나지 않는다는 것이지요.
그래서 성자를 영어로도
홀리Holy라 하고 세인트Saint라 합니다.

## 0204 어질 현

성聖에 비해 현賢은 한 단계 낮지요.
조개 패貝 부수에 들어있다는 것은
물질을 뛰어넘지 못함입니다.
신하 신臣 자는 결코 왕이 아닙니다.

케비넷 멤버Cabinet Member일 뿐입니다.
밑에서 왕을 모시는 각료일 뿐
아무리 현명하다 하더라도
최고는 아니라는 것입니다.

현賢 자에 들어있는
또 우又 자는오른손을 의미합니다.
왼팔이나 오른팔이나 다 같지만
왕의 최측근 오른팔입니다.
불교로 말하면 주불主佛을 모시고 선
보처존補處尊으로서의 보살입니다.
좌보처 아니면 우보처입니다.
또 우又 자는 손 쓰는 사람입니다.
머리 쓰는 헤드Head의 사람이 아니라
손 쓰는 암Arm의 사람입니다.

다시 한번 정리하겠습니다.
경행景行을 나는 여행이라 풀었지만
본뜻은 큰길이고 한길이며
대도大道고 훌륭한 행위입니다.
유현維賢은 똘똘하고 재치있고
현명한 사람이라고 풀었습니다만

현자에 대해 덧붙인다면
그 자신 볼룬티어volunteer며
볼룬티어를 길러내는 보살입니다.
볼룬티어는 자원봉사자지요.

인생을 값지게 사는 것 중 하나가
나는 여행이라고 여깁니다.
첫째 공간의 여행입니다.
해외여행도 좋고 국내여행도 좋습니다.
산도 들도 강물도 호수도 좋고
바다도 절벽도 늪지대도 좋습니다.

사람이 발길이 닿는 곳이라면
거기가 어디라도 내 마음을 열어 줄 곳이 있습니다.
처처안락국處處安樂國이라
마음 가고 몸 가는 곳이 다
공부하는 아란야고 도량입니다.
우주 밖으로 눈길을 돌릴 수 있다면
최고의 여행자입니다.
공간空間Space이여!
아, 공간空間Space이여!

둘째. 시간의 여행입니다.
무한한 과거로부터 영원한 미래에 이르기까지
나와 너 그리고 우리 모두에게 함께하는
시간 여행을 떠나는 것입니다.
염염보리심念念菩提心입니다.
순간순간이 깨달음을 지향함이지요.
시간時間Time
시간時間Time
시간時間Time

셋째 존재의 여행입니다.
인간 생명 존재의 여행입니다.
다른 생명 다른 세계는
공간 여행에 포함되었으니
여기서 존재는 인간의 생명입니다.
사람이 사람에 대해
특히 제 자신에 대한 여행을 기획함은
최상의 여행이 될 것입니다.

내면을 향한 여행을 준비하십시오.
아무리 강조해도 지나치지 않습니다.
마음껏 헤집어 볼 일입니다.

아! 간間은 간이로되 인간人間입니다.
사람과 사람 사이의 여행만큼
소중한 가치를 넘는 게 없습니다.
온통 휴먼 빙Human being입니다.

공간여행 = 空間景行
시時 = 賢현
간間 = 維유
여景 = 景여
행行 = 行행
인간여행 = 人間景行

임마누엘 칸트의 지혜 명언 한마디
과학은 정리된 지식이다.
지혜는 정리된 인생이다.

<052>

경景행行유維현賢

극克념念작作성聖

0205 이길 극克

0206 생각 념念

0207 지을 작作

0208 성인 성聖



가는일이 빛난다면 현인이되고

자기욕망 이기는자 성인이되네

후배가 찾아왔습니다.
대학에서 한문학漢文學을 전공하다가
20대 중반에 절에 들어와서는
곧장 선원으로 달려가 목숨 떼어놓고
정진하는 후배였습니다.
이 후배가 하루는 푸얼차普洱茶라며
발효차 한 편을 들고 왔습니다.

"큰스님! 한 가지 여쭐 게 있는데~"
작은 목소리가 아니었습니다.
일반적으로 질문할 때는
목소리가 낮아지는 게 보통이지요.
적어도 답변하는 쪽보다
질문 쪽 음성이 더 크지는 않습니다.
그런데 묻는 쪽의 음성이
답하는 쪽보다 유별나게 컸습니다.
내가 되물었지요.
"그래, 스님. 물을 게 뭔데?"

방금 전까지 당당하던
그 목소리는 어디론가 가버리고
그야말로 모기 소리만 했습니다.

"선배스님. 그게 저~"
"여유있게 천천히 물어도 돼."
"아닙니다. 큰스님!"
그가 말했습니다.
"이 글자가 이길 극克 자 맞지요?"
내가 들여다보니 푸얼차 포장지에
'~250克'이라 쓰여 있었습니다.

"여기 이 글자 말인가?"
"네, 큰스님. 제가 한문학과 출신인데
 아무래도 해석이 안 됩니다."
"안 될 게 없을 것 같은데~"
"250극克이면 250가지를 이긴다인가요?"
"자네 이 글자를 무슨 글자라 했지?"
"네, 큰스님. 이길 극克 자입니다."
후배의 어깨를 툭 치며 내가 말했습니다.
"이 글자는 이길 극克 자가 아닐세."

나중에 한문을 한다는 이들에게
중국차 봉지를 보여주며 물었더니
열 명이든 백 명이든 '이길 극克' 자였습니다.
후배가 눈을 크게 뜨면서 물었지요.

"큰스님, 이길 극克 자가 아니면 그럼 이게 무슨 글자입니까."

"음, 이 글자는 '그램g 크어克' 자일세."

"그램 크어克요? 그럴 리가요?"

"도량형이 국제화되며 생겨난 특별한 새김 법이라네.
자네 요즘, '혼밥'이라고 들어봤나?"

"혼밥이요? 그게 무슨 뜻인데요?"

"으음 혼자 밥 먹는 사람이라네."

내가 또 물었습니다.

"자네, '밥터디'라고 들어봤는가?"

"밥터디요? 그건 또 뭔지요?"

"자네는 선원에서만 있었으니 세상 돌아가는 얘길 잘 모르겠지."

그가 고개를 갸우뚱했습니다.

" '밥터디'란 말일세 밥과 스터디를 묶은 말로
먹으면서 공부한다는 의미라네."

그런 직설적인 의미도 있겠지만
밥 먹을 때만 우루루 모인다 해서
생긴 신조어라고 합니다.

따라서 크어ke라는 발음을 가진

이른바 이길 극克 자가
중국어 표음문자로 대두되면서
도량형의 기본인 그램g
곧 크어克 자로 새기게 되었지요.
읽고 새김이 하나 더 늘어난 셈입니다.
1克g은 千克1kg의 1천분의 1무게입니다.
또한 1米m가 천이면 千米m며
千米m는 곧 1km입니다.

10톤 화물을 10km 운반하면
곧 '100km톤'이다를
중국어로 올리면 어떻게 표기가 될까요?

## 0205 이길 극

# 克

이길 극克자는 '이기다'의 뜻입니다.
사람이 갑옷 입은 모양을 본떠
'갑옷 무게를 견디다'라는 뜻인데
나중에 '견디다' '이기다' 따위로
뜻이 발전하게 된 것입니다.

이 글자는 일반적으로 '이길 극'이며
옛 고古 아래 어진사람인발儿을 떡하니 붙인 격입니다.
그렇다면 시간적으로 옛 고古는
얼마의 시간이 흘러야 하겠습니까.
열十 사람口이 지나야 옛입니다.
요즘은 유치원 원아들도 즐겨 쓰는 말이지요.
"내가 옛날에 말야"라며 말할 때
우리 꼬마들 참 귀엽다 싶습니다.

## 0206 생각 념

생각 념念 자를 보십시오.

이제 금今 자 아래 마음 심心 자입니다.

'생각'이란 뜻을 지닌 한자에도

생각보다 여러 가지가 있습니다.

생각 념念 외에 생각 사思/생각 상想/생각할 고考

생각할 려慮/생각할 억憶忆/생각할 유惟/생각할 고攷

생각할 윤侖仑/생각할 임恁 /생각할 논惀

아무 생각이 없는 숙婌/생각날 상恦/생각할 부怤

생각할 조慒/생각할 목毣/생각할 사恖/수염 많을 새思

생각할 륵忇/생각할 경恫/생각할 언㥞 등이 있습니다.

이중 특이한 자가 생각 념念 자입니다.

생각에 무엇이 들어 있습니까.

'이제'라는 시간이 들어 있습니다.

이는 엄청난 사건입니다.

위에서 잘 살펴보십시오.

생각을 표현한 어떤 글자에

시간을 머금고 있는 게 있습니까.

따라서 생각 념念 자에는
심오한 철학이 들어있습니다.
금강경 〈일체동관분〉 제18에 의하면
지나간 과거의 마음은
이미 지나갔기에 잡을 수 없고
오지 않은 미래의 마음은
아직 오지 않았기에 잡을 수 없으며
지금 이 순간 속 마음은
순간이라도 계속하여 흐르기 때문에
잡을 수가 없다고 합니다.

아직까지 어떤 철학자도
어떤 종교인도, 어떤 과학자도
어떤 물리학자도, 어떤 영웅도
어떤 도인도 시간을 붙잡은 사람은 없습니다.
이렇게 얘기하면 자칭 마음 공부가 좀 되었다는
사람은 다짜고짜 얘기합니다.
"어! 그거 아주 쉬워. 초월超越하면 돼."
아! 참으로 멋진 명답입니다.
시간을 초월하면 시간을 잡는다고 하듯

공간을 초월하면 공간을 잡을 수 있을까요.

어찌 이토록 쉬운 걸 몰랐을까요.
그런데 이는 언어의 유희일 뿐입니다.
트렌센덴스Transcendence
초월이란 단어를 입에 올리고
초월이란 개념을 떠올린다 해서
생각 먹은 대로 뚝딱 초월이 됩니까.

중국 탕唐tang나라 때
타오쉬엔道玄 팡온龐縕Pang-on거사나
팡거사의 딸 링짜오靈照Lingzhao
팡거사 아내와 아들 정도라면
가능할 수도 있을지 모르겠습니다.
하지만 도를 깨달은 자라고 하여
시간을 마음대로 잡고 놓으며
늘였다 줄였다를 마음대로 한다면
이는 시간이 아니고 또한 공간이 아닐 것입니다.

경허선사께서 말씀하셨습니다.
'도인은 오래 살고 곧 죽기를 마음대로 한다'고요
오래 살고 곧 죽기를 마음대로 한다 하듯

삶과 죽음은 마음대로 가능할지 모르나
시공간은 가능하지 않습니다.
생각 념念 자를 아무리 들여다 보더라도
'이제'라는 시간만 들어있을 뿐
공간 개념은 들어있지 않습니다.
그런데 왜 시공간을 묶어서 얘기하느냐고요.

그렇습니다. 시공간은 완벽한 조직組織입니다.
날줄織이 빠져있는 씨줄組이 없듯이
씨줄 없이 날줄만으로
베가 짜여지지는 않습니다.
조組라는 가로의 실과
직織이라는 세로의 실이 서로 엮여
텍스-타일Textile, 곧 섬유纖維가 되듯이
시공간이란 천체의 세계는
공간이란 조組와 시간이란 직織이
서로 어울려 존재하는 것입니다.

생각 념念자 한 글자 속에 시간을 날줄로 하여
공간이란 씨줄이 내포되어 있습니다.
그러므로 극념克念이란
'생각을 이긴다'는 뜻도 있지만

'시간을 다스리다'라는 뜻이 있습니다.
성인은 생각을 다스리는 자며
동시에 시공간을 다스리는 자입니다.

따라서 염염보리심念念菩提心은
생각 생각이 보리심이라고
해석할 수도 있겠습니다만
순간순간 그대로가
깨달음을 지향하는 마음입니다.

이는 처처안락국處處安樂國과
대칭을 이루는 말입니다.
곳곳이라는 공간의 이야기는
앞의 념념이라는 시간성을 이어받아
이와 같이 표현한 것입니다.

## 0207 지을 작

# 作

지을 작作 자는 앉아 있던 사람이
느닷없이 별안간瞥眼間 일어나는 모습을
이미지로 그려낸 그런 글자입니다.
별안간의 별이 '눈깜짝할 별瞥'이고
눈 안眼 자에 사이 간間 자입니다.
그야말로 눈 깜짝할 사이지요.
사람인변亻에 잠깐 사乍 자를 써서
지을 작作 자로 만든 까닭에
작作은 영구성을 지니지 못합니다.

이 지을 작作 자가 갑골문과 금석문에서는
잠깐 사乍 자로 새겨져 있습니다.
여기서 우리가 알아야 할 것은
다름 아닌 조작造作의 문제입니다.
곧 조造는 이론의 지음이고
작作은 시간적으로는 짧지만
사실적 지음의 과정과 결과입니다.

태초에 하나님이 천지를 창조創造하시니라.
이는 선언적 의미입니다.
실제가 아닙니다.
이와는 달리 콩쯔께서
술이부작述而不作이라 함은
눈에 보이는 세계에 대해
겸손했던 콩쯔의 모습을 엿볼 수 있습니다.

선언적 의미라 함은
말은 창조인데 실제는 아니란 것입니다.
하나님이 창조하기 이전에
우주가 이미 하늘 땅을 만들었습니다.
말로는 하나님 작품이라고 하는데
실제로는 자연의 법칙에 따라
우주가 스스로 생겨났고 곧바로 팽창하기 시작했고
지금도 계속하여 팽창하고 있습니다.

한마디로 우리 하나님께서는 '표절의 왕'이십니다.
표절의 정의가 무엇입니까.
자기 작품이 아닌데도 불구하고
자기 글이고 자기 작품이라 광고함이지요.
손대지 않은 천지창조로부터

인간과 만물을 만들었다고
광고함이 다름 아닌 표절이십니다.

콩즈께서는 전혀 아닙니다.
'술이부작'이라 했습니다.
서술하기는 했어도 짓지는 않았다는
순수함을 드러내고 있습니다.
부처님도 마찬가지입니다.
나는 중생을 제도한 적이 없다고
나는 법을 설한 적이 없다고
아뇩다라삼먁삼보리를 얻은 적이 없다고
이것이 진리입니다.

## 0208 성인 성

# 聖

성인聖人은 곧 성인成人입니다.
거룩할 성聖 자 사람 인人 자는
이룰 성成 자에 사람 인人 자입니다.
사람이 되는 게 성인成人이고
된成 사람人이 성인입니다.
우리는 완전한 사람이 못되기에
완전成해지려 노력하는 존재人입니다.

콩쯔를 지성至聖이라 하고
대성大成이라 함을 비로소 알겠습니다.

<053>

## 덕德건建명名립立

## 형形단端표表정正

0209 큰 덕德

0210 세울 건建

0211 이름 명名

0212 설 립立

덕이만일 쌓여가면 이름빛나고

몸이만일 단정하면 위의바르니

## 0209 큰 덕

# 德/悳/惪/
# 徳/㥁/㤫/
# 恴/

덕과 이름에 대해 생각해봅니다.
덕德은 두인변彳에 썼으니
조심스레 걸을 것이요,
맨 위에 열 십十 자를 얹었으니
사방十字路에서 살핌이며
문제가 있으면 법망罒에 걸리니
몸과 말의 쓰임새를 조심하게 됩니다.

오로지 한 길一을 걸을 것이니
인의예지신仁義禮智信입니다.
이는 어디서 나옵니까.

사람의 마음心에서 나옵니다.
이것이 곧 세상에서 '가장 큼'이고
'가장 큼'은 덕德을 떠나 생각할 수 없습니다.

덕悳은 올곧은直 마음心이니
올곧다는 것은 십자로十에 있을지라도
그 마음의 창目이 호수처럼 맑고
위아래 | 가 반듯하고
전후좌우가 기울지 않음一입니다.
이처럼 올곧음의 바탕은 그렇습니다.
역시 마음心입니다.

덕悳은 대지一 위에서
살아가는 하찮은丶생명들에게까지
태양日의 에너지를 나누어주고
밝은 빛으로 살립니다.
여기에 반드시 필요한 것이 있지요.
그렇습니다. 덕悳입니다. 곧 밝은 마음입니다.

마음心 씀이 있을有 때 덕이 향기를 내뿜습니다.
마음이 담겨 있지 않은 덕이란 없습니다.
덕의 향기가 멀리멀리 번질 수 있음은

바로 마음 때문입니다.
꼭 바탕이 아니어도 좋습니다.
올곧음直 옆에서 함께하는 마음忄도
마침내 소중한 덕입니다.

콩쯔의 어록《룬위論語》에 나오지요.
덕불고필유인德不孤必有隣이라고
"덕은 외롭지 않다. 꼭 이웃이 있다."고
나는 '덕불고'를 거꾸로 읽습니다.
'고불덕孤不德'이라고 말입니다.
고불떡 고불떡 고불떡
'꼬불쳐 놓은 떡'으로 기억하면
쉽게 잊혀지지 않을 덕목입니다.



외로움은 덕이 아닙니다.
본인 개인의 외로움은 상관없겠지만
함께 살아가야 하는 세상에서
수행자처럼 스스로 택하는 게 아니라면
외로움이 덕이 될 수는 없습니다.
보살의 덕행은 바라밀입니다.
바라밀은 함께함입니다.

덕德이란 숱한 인연十의 그물罒이며

숱한 인연十의 돌봄目입니다.

사랑心으로 가득한 돌봄입니다.

나이의 많고 적음을 떠나

외롭게 하는 것은 결코 덕이 아닙니다.

어르신들을 외롭게 하는 것도

어려운 사람들에게

관심과 배려를 기울이지 않음은

어떤 경우에도 덕이 될 수는 없습니다.

어느 나라나 다 비슷하지만 선진국으로 갈수록

홀로 사시는 어르신獨居老人들을 모심이

사회의 커다란 화두로 떠오릅니다.

어떻게 하면 이 어르신들을

사회로부터 이웃으로부터

외롭지 않게 잘 모실 것인가가

그 나라 그 정부 복지정책의

바로미터Barometer가 되고 있습니다.

덕은 영어로 버츄Virtue입니다.

아름다운 덕이고 덕행이며

선행이고 고결함입니다.

버츄의 상대적 개념은 바이스Vice지요.
부도덕이고 악덕입니다.

또한 덕은 구드니스Goodness입니다.
친절과 관용과 자선입니다.
질의 우수함이고 양호함입니다.
정수精髓고 진수眞髓며 멋짐입니다.
모럴 엑설런스Moral excellence
도덕적으로 탁월 우월 우수함입니다.
무엇보다 메리트Merit입니다.

### 0210 세울 건

세울 건建과 세울 입/립立은 다릅니다.
세울 건健은 율법聿을 세움입니다.
민책받침廴은 길게 걸을 인廴입니다.

건建이 사물의 세움이라면

입立은 사람의 섬입니다.
건이 워크 아웃Work out이라면
입은 스탠드Stand입니다.
입이 스탠드 업Stand up이라면
건은 드로우 업Draw up이며
또한 빌드Build, 곧 세우는 행위입니다.

생명의 역사는 건建의 역사입니다.
생명은 쉴 곳을 찾습니다.
조용히 쉴 곳입니다.
천적으로부터 자신을 지키기 위해
건축물을 쌓아올렸습니다.
내가 지금까지 연구한 바에 따르면
법장비구法藏比丘의 설계보다
더 뛰어난 도시설계는 아직 없었습니다.

법장비구가 설계한 극락세계
그 장엄한 설계를 넘는 것은 없습니다.
극락세계의 일곱 겹 그물은
대기권이기에 자연적이라 하겠습니다.
그리고 황금으로 땅이 된 것도
자연의 세계라 건축은 아닙니다.

그러나 일곱 겹 난간과 일곱 겹 가로수와
칠보로 된 연못과 누각과 연못과
강물과 하천과 산과 들과
보리수와 하늘 음악과
바람과 산새들도 도시설계의 하나입니다.
무엇보다 가장 중요한 것은
극락세계의 자연환경 설계만이 아니라
그 극락세계에 사는 생명들입니다.

극락세계 중생들은 아비발치입니다.
모든 중생 모든 생명들이
성불을 한 단계 남겨 놓았을 뿐입니다.
극락에는 지옥이 없고
극락에는 아귀가 없으며
극락에는 축생마저 없습니다.
탐욕 노여움 어리석음도 없습니다.
극락세계는 이처럼 마음까지
완벽하게 설계를 마치고
설계대로 세워졌습니다.

사바세계 건축들을 볼까요.
벌은 벌집을 짓고 개미는 개미성을 쌓고

거미는 거미줄을 치며
딱따구리도 나무에 구멍을 뚫어
알을 낳고 부화하여 새끼를 기릅니다.

뱀도 개구리도 여우도 굴이 있고
나비도 송충이도 매미도
허물이 있고 고치가 있습니다.
그러나 뭐니 뭐니 해도
건축물이라면 사람의 집일 것입니다.

아키텍트Architect는 건축가며
건축기사며 설계자인데
곤충이나 파충류나 동물들의 집처럼
획일적 건축물이 아니라
다양한 예술성이 있다는 뜻이지요.

건建이 건축물의 예술성이라면
입立은 사람의 됨됨이입니다.
비록 외형적 건축물이 대단하더라도
그 건축물을 터전으로 사는 사람이
참眞되지 않고, 착善하지 않고
예美쁘지 않다면 어떻습니까.

그래서 서 있는 사람立이 소중합니다.

## 0211 이름 명

이름 없는 사람이 있나요.
이름 없는 꽃이 있습니까?
이름 없는 나무가 있고 풀이 있나요?
이름 없는 벌레가 있습니까.
이름 없는 새가 있고 동물이 있습니까.
이름 없는 바다가 없고
이름 없는 대륙도 없습니다.
세상은 이름으로 이루어져 있습니다.

번지 없는 땅은 비록 있다손 치더라도
래티튜드Latitude, 곧 위도緯度와
롱기튜드Longitude 곧 경도經度와
알티튜드Altitude 곧 고도高度를 벗어나
위치 시스템을 설정할 수 있을까요.

뭇생명들의 세상에서
위치에너지Potential energy와
운동에너지Kinetic energy를
헤아릴 수 있겠습니까.

어두컴컴한 방안에서는
식구들의 얼굴이 잘 구별되지 않습니다.
아버지는 이름을 부릅니다.
"맏이야!"
큰 애가 대답합니다.
"네 아버지 저 여기 있어요."
둘째를 부릅니다.
"버금아!"
"네. 아부지."
아내를 부릅니다
"여보! 어디 있소?"
"네. 여보, 저 여기 있어요."

어둠夕 속에서는 얼굴이 보이지 않기에
이름名을 불러口 구분할 수밖에요.
"어디에 있다"는 대답 한 마디에
위치位置Potential에너지와

운동運動Kinetic에너지가
보다 잘 파악되고 있다 할 것입니다.

엊그제 50대 중반의 거사가 찾아왔습니다.
아내 이름이 손망치孫望致였는데
아내는 이름을 바꾸고 싶어했고
그때마다 부모님이 지어주신 이름을
막 바꿔도 되겠느냐며 말렸다고 합니다.

내가 얘기했습니다.
"결과는 원인에 영향을 미칩니다."
거사가 갸우뚱하며 물었습니다
"스님. 그 반대가 아니고요?"
"으레 반대도 영향이 있습니다."
"아, 네."
"가령 연꽃을 연꽃이라 하지 않았다면
쥐를 쥐로 이름 붙이지 않았다면
거사님 생각에 어떠세요?"
"어떻다니요? 이름하고 상관없이
연꽃은 향기가 있고, 쥐는 징그럽지요."

그렇습니다.

다들 그렇게 생각합니다.

그러나 연꽃을 '연꽃'이라 하지 않고

쥐를 '쥐'라 부르지 않았다면 연꽃은 연꽃향이 없고

쥐는 징그럽지 않았을 것입니다.

이것이 바로 이름의 힘입니다.

## 0212 설 립

갑골문자에 보면 땅一 위에

사람大이 정면으로 서 있는 모습입니다.

어깨亠에 힘도 들어가 있고

다리를 벌리고 당당히 선 모습입니다.

살아있는 모습입니다.

힘 빠진 노인의 모습이 아니라

다리를 벌리고 힘차게 움직입니다.

<054>

덕德건建명名립立

형形단端표表정正

0213 형상 형形

0214 끝 단端

0215 겉 표表

0216 바를 정正



덕이만일 쌓여가면 이름빛나고

몸이만일 단정하면 위의바르니

형단표정形端表正입니다.
매무새가 단정하니 표정도 바르고
표정이 바르면 매무새도 단정합니다.
몸이 반듯하면 그림자도 반듯하고
그림자가 굽은 것은 몸이 굽은 까닭입니다.
몸과 그림자는 어떻게 구분할까요.

어디 다시 한번 보자고요.
형形의 형상이 쉐이프shape라면
폼form이나 모드mode는 형식입니다.
형形과 비슷한 단어로 형型이 있는데
이를 '모형 형'이라 새깁니다.
모형, 거푸집, 본보기, 모범, 꼴, 틀입니다.

우리말에 '어' 다르고 '아' 다르다 하는데
모양 형形과 모형 형型은
비슷하면서 다른 데가 있습니다.
체형體型이라 할 때는 형型을 쓰지만
형形은 터럭 삼彡 부수에 쓰듯
사람을 비롯한 생명을 지닌 자에 한하고
형型은 흙 토土 부수에 들어있듯
생명을 가지지 않은 것들의

틀이나 형태를 가리킨다 하겠습니다.

## 0213 형상 형

# 形

형形은 터럭 삼彡에 평평할 견幵이지요.
평평하다는 것은 균형을 이룸입니다.
똑같은 높이의 두 가지 물건이 합하여
이루어진 것이 견幵인데
달랑 하나만 있을 때와 달리
눈에 잘 띄는 광고 효과도 있습니다.

글자는 다른데 같은 뜻을 가진 자로는
모양 상像/모습 태態/모양 자姿/모양 양樣
모양 모貌/코끼리 상象 자 등이 있고
다른 뜻을 가진 글자로는
그림자 영影景暻 /그림자 구/귀晷
포개진 그림자 용彨/그림자 습熠 자가 있습니다.
여기 '형단표정'의 겉 표表 자도

형形의 그림자 이미지 표현입니다.

걸 표表 자는 시계 표錶 자의 약자입니다.
참고로 〈앙부일구仰釜日晷〉는
보물寶物 제845호 해시계입니다.
우리나라 역사상 군주로서는
최고의 과학자, 물리학자시며
발명가이신 세종대왕의 지원을 받아
조선의 과학자 장영실 선생이 만든 작품이지요.
앙구일부를 직역하면 하늘을 향仰한 가마솥釜 모양의
해日 그림자晷 시계의 뜻이 될 것입니다.

## 0214 끝 단

영어로 엣지edge라고 했지요?
엣지는 '끝'이고 '전'이며, 끝머리이고 테두리이고
가장자리며, 봉우리 지붕 따위 마루터기입니다
날카로움이고 신랄함이며, 강렬함이고

격렬함이며, 강점, 우위, 우세입니다.
단端은 스트레이트straight며
엘레갠트elegant며
디그니파이드dignified며
씨데이트sedate입니다.

스트레이트는 곧음이며
똑바름이며, 수직이며, 수평이며
솔직, 정직, 성실, 진실, 정결함이며
이치에 맞고, 일관성이 있으며
철저하고, 순수함이며, 정돈됨입니다.

엘레갠트는
이름씨 엘레갠스elegance의
그림씨이므로 원어原語는 같습니다.
옷매무새가 고상하고 우아하며
취미나 문체가 기품이 있고 품위가 있으며
과학적으로 정밀하고 정연하며
훌륭하고 세련되며 멋쟁이입니다.

디그니파이드는
귀족에 해당하는 노블noble에 해당하며

위엄이 있고, 장엄하고, 고귀하고,
품위가 있으며, 저명하고, 숭고함입니다.
씨데이트 역시 그림씨로서
조용, 침착, 냉정, 진지, 근엄함이며
빛깔이나 디자인이 수수하고
차분하며, 침착함을 들 수가 있습니다.

설 립立 변에 실마리 단耑 자를 붙인 자로
이른바 꼴소리形聲문자입니다.
설 입立이 뜻이고 실마리 단耑이 소릿값입니다.
단장丹粧을 뜻하는데 서 있는 모습이고
걸어가는 모습에서 찾습니다.

패션모델들이 쇼show를 할 때
누워 있거나 앉아 있는 모습보다는
서 있거나 걷는 모습으로 보여줍니다.
따라서 단장의 뜻을 지닌
이 끝 단端 자를 설 립立 변에 쓴 것은
지극히 자연스러운 것입니다.

물론 패션쇼에서 침대를 광고하거나
잠옷 따위를 보여줄 때는

누웠거나 앉아 있는 모습으로서
연출할 수도 있습니다.
아무튼 단端은 꾸밈의 뜻입니다.

## 0215 겉 표

부수는 옷 의衣 자입니다.
겉 표表 자 윗부분은
주인 주主 자면서 털 모毛 자입니다.
털옷은 갖옷, 곧 모피옷이지요.
옛사람들은 갖옷을 지을 때
털이 밖으로 보이도록 만들었습니다.
이를테면 밍크 코트mink coat의 경우도
보드라운 털이 밖으로 향했지요.

중세에서는 갖옷을 만들어 입을 때
이처럼 털이 바깥쪽으로 향하게 했는데
예복으로서는 어울리지 않는다 하여

털옷 겉에 다시 긴 외투를 덧입어
안의 털이 보이지 않게 했습니다.
왜냐하면 털옷, 가죽옷은
짐승 털이고 짐승 가죽이기에
사람은 동물과 구별이 필요하였습니다.

그리하여 다시 갖옷 겉에 덧입는다 하여
거죽을 표현할 때 표表를 썼습니다.
따라서 외모나 외면,
외표나 의표儀表를 뜻할 때도
바로 이 겉 표表 자를 사용했습니다.

요즘 겨울이 되면 닭털이나 오리털
또는 거위털을 이용하여 만든
아웃도어 상품들이 쏟아져 나옵니다.
솜옷처럼 털을 안에 넣고
안팎으로 천을 대어 누빈 옷들입니다.
다운점퍼 패딩점퍼 야상점퍼 등과
덕다운 구스다운 따위가 있습니다.

털을 제공하는 오리 닭 거위
양들 입장에서는 죽을 맛이겠지만

갖옷을 입는 사람 입장에서는
따스하게 겨울을 지낼 수 있습니다.
한때는 밍크 코트라든가 여우 목도리 따위가
여성들에게는 선망의 대상이었지만
지금은 많이들 자제하고 있습니다.
동물보호협회라든가
자연사랑모임 등도 역할을 했습니다.

게다가 방습성 섬유 고어텍스Gore-Tex
화학섬유 티타늄titanium 등과
극세사極細絲microfiber 섬유는
지극히 가벼우면서도 사람의 피부를
안전하게 보호할 수 있는 신소재입니다.
극세사라면 얼마나 가느냐고요.
지름이 몇 미크론micron 굵기입니다.
초미세 합성 섬유인 셈이지요.

이런 극세사 화학섬유가 나오기 전
자연섬유 중에서 극세사는 무엇일까요.
명주明紬Silk입니다.
다른 이름으로는 비단緋緞입니다.
명주로 옷고름만 달아 입어도

한겨울 추위를 이긴다 하지 않던가요.
명주는 가벼운 섬유입니다.
그런데 왜 그리 따스한지 아십니까?
바로 극세사이기 때문입니다.

앞에서도 말씀드렸듯이
누에 한 마리가 실을 뽑아내어 만든
그 작은 누에고치 하나에는
실의 길이가 평균 2km입니다.
자연섬유로는 완벽한 극세사입니다.
이 극세사 명주가 섬세하기 때문에
굵은 실 한 겹의 두터운 천과 달리
페어 글래스Pair glass 효과를 냅니다.
명주, 곧 비단의 따스한 원리가
이제 이해가 가시겠는지요.

참고로 방습 섬유 고어텍스의 경우
부처님의 《묘법연화경》 말씀 중 연꽃/연잎이 지닌
불착수不着水의 원리, 곧 로터스 효과lotus effect에서
아이디어를 얻어 개발하게 되었습니다.
연꽃/연잎은 물을 흡수하지 않고
그대로 아래로 떨어뜨리지요.

이는 연꽃/연잎에 돋아난
초미세 돌기 솜털 때문이라 합니다.

여기서 나온 기술이
나노텍스Nano-Tex 섬유 기술인데
방습防濕만 아니라 방오防汚효과도
함께 지니고 있는 섬유입니다.
나노nano 돌기에서 힌트를 얻은 것이지요.
차세대 메모리 소자로 각광받는 R램
이 R램도 로터스 효과에서
방습 방오의 원리를 이용한 것입니다.

이왕 로터스 효과 얘기가 나왔으니
한 가지만 더 하고 넘어갑니다.
로터산lotusan이란 페인트가 있는데
연잎 효과lotus effect를 적용한 것입니다.
페인트는 대체로 염료와 함께
유기 용매제를 섞어서 만듭니다.
그러므로 페인팅한 시간이 좀 지나면
먼지가 기름 성분에 엉겨 붙어 오염되지요.

그런데 이는 기름 성분에 묻은 먼지라

물만으로는 잘 닦이지 않습니다.
기름에서 먼지를 분리시키는
계면활성제界面活性劑, 곧 세제洗劑를 쓸 경우
비용은 둘째 치고라도 자칫하면
애써 칠한 페인트가 벗겨질 수 있습니다.
그런데 로터산 페인트는 다릅니다.

물에 젖지 않는 연잎의 효과에서
나노 돌기의 원리를 이용한 제품이기에
페인팅한 뒤 나노 돌기가 남습니다.
그러므로 물만 뿌려주더라도
먼지가 그대로 씻겨나가고
비가 올 경우 따로 손을 쓰지 않더라도
먼지와 오물 제거가 저절로 이루어집니다.

우리가 평소 쓰는 속담에
"겉 다르고 속 다르다表裏不同."합니다
겉 표表 자가 옷 의衣 부수인데
속 리裏 자도 옷 의衣 부수입니다.
겉 표表 자는 옷 의衣 가운데 선비 사士 자이나
속 리裏 자는 옷 의衣 가운데 마을 리里 자입니다.

선비는 바깥 일을 보고
농부는 마을 일을 봅니다.
마을 일을 보기에 속 리裏이고
바깥 일을 볼 수 있기에 겉 표表입니다.

### 0216 바를 정

바름正은 하나一에서 그침止입니다.
하나는 아이덴티티Identity입니다.
일체성이고 주체성이며 일치점입니다.
이는 곧 한마음이지요.
멈춤이나 그침은 잠시 쉼일 뿐
다시 달리기를 위한 준비과정입니다.
따라서 그칠 지止 자는 인체足에서 머리口는 생략하고
다리止만을 크게 부각시킨 글자입니다.

바른 길 옳은 길은 꾸준히一 걸어가止야 하겠지요.
불교에서는 이 길에 8가지를 설정합니다.

이른바 팔정도八正道가 그것입니다.
여덟 가지 바른 길이 무엇일까요?

(1) 바르게 바라보기/正見
(2) 바르게 사유하기/正思
(3) 바르게 대화하기/正語
(4) 바르게 행동하기/正業
(5) 바르게 생활하기/正命
(6) 바르게 정진하기/正勤
(7) 바르게 기억하기/正念
(8) 바르게 집중하기/正定

그런데 나는 바를 정正 자만 보면
투표한 뒤에 개표하던 일만 떠오릅니다.
오래전 해인사 강당에서
또는 중앙승가대학에서
임원을 선출할 때 몇 명이 되든
칠판에는 바를 정正 자로 표기했습니다.

요즘은 컴퓨터로 계산을 하니까
바를 정正 자로 표기하지는 않겠지요.
정치인들을 선출할 때에 바를 정正 자를 쓰지 않다 보니

뽑힌 정치인들 중에 바른 정치인이 없는 거 아닐까요.

정치政治의 정政과 치治가 무슨 뜻인지 아시지요?

"정政은 곧 정正이다."라고 합니다.

자신을 바르게正 채찍질攵함이고

자기 마음을 맑히고氵 단련台시킴입니다.

<055>

## 공空곡谷전傳성聲
## 허虛당堂습習청聽

0217 빌 공空

0218 골 곡谷

0219 전할 전傳

0220 소리 성聲



빈골짜기 메아리가 전해지듯이
빈집에서 하는말도 익히들으라

공ball은 둥근 형태입니다.
그 공이 축구蹴球공football이든
농구籠球공basketball이든
배구排球공volleyball이든
골프高尔夫공golfball이거나
야구野球공baseball이거나
탁구卓球공tabletennis ball이거나
일반적으로 둥근 모양에
그 속에는 공기로 채워져 있습니다.

아! 탁구를 다른 말로 핑퐁이라 하지요.
이 핑퐁ping-pong이란 말은
중국어 핑팡乒乓ping-pang에서 온 말로
탁구공이 '이리 핑 저리 팡' 날아다닌다는
의성어에서 비롯된 말입니다.
여기에 공 구球 자를 덧붙여
핑팡치어우乒乓球pingpangqiu라 하고
이 말이 영어로 표현될 때
핑팡이 핑퐁으로 바뀐 것입니다.

그리고 골프를 '高尔夫'라 했는데
'고이부'라고 발음하는 것은

서울을 '首尔'라 표기하고
'수이'라 발음하는 것과 같습니다.
그대로 국적불명의 언어가 되겠지요.
이때는 중국어로 읽어야 합니다.

高尔夫는 '까오알푸'로
首尔는 '써우얼'로 읽어야 합니다.
골프가 생긴 역사가 오래되지 않기에
한문은 없고 중국어 표기만 있으니까요.

밥을 담아 먹는 작은 그릇이 있습니다.
공기空器bowl라고 부릅니다.
밥을 담으면 공깃밥이고 밥공기지요.
라이스 보울rice bowl입니다.
그렇다면 발우鉢盂의 '발'이
'보울bowl'과 비슷한 말이냐고요.
어쩌면 그럴지도 모릅니다.

공식적으로 답을 하긴 어려우나
스포츠 구기 종목의 공과
바리때 곧 발우钵盂의 '발'과
밥공기의 '공기'에 담겨있는 것은

한결같이 공기空氣air입니다.
이들을 떠나 공空을 설명한다는 게
말이 되기도語成說 하고
말이 안 되기도語不成說 합니다.

여기 천자문에서의 공空은 어떤 공일까요.
이들 구기 종목에서 말하는
공Ball에 들어있는 공
바리때에 들어있는 공
밥공기에 들어있는 공
설마 이들 공은 아니겠지요?
하지만, 하지만 말입니다
천하 모든 사람들이 다 아니라 하더라도
내 생각에는 같이 비어있음일 따름입니다.

공空은 비어있다는 뜻 외에도 많습니다.
없다, 헛되다, 쓸데없다
쓸쓸하다, 공허하다, 비게 하다
구멍을 뚫다, 통하게 하다, 막히다, 곤궁하다와
구멍, 공간, 하늘, 공중, 틈, 여가, 부질없이, 헛되이 따위지요.

여기서 얘기하는 뜻은 빔입니다.
텅 빈 골짜기에 메아리가 번지듯
소리가 전달된다는 것인데
비어 있음에도 여러 가지가 있습니다.
불교에서는 비어 있음空을
수냐타sunyata라 하고 있는데
이는 일체개공一切皆空의 원어이지요.

사실 불교에서는 빔을 얘기할 때,
'빔' 또는 '텅 빔'이라는 우리말보다
공空이라는 말을 즐겨 쓰고 있습니다.
'공空'이라 하면 뭔가 철학적이고
뭔가 깊이가 있어 보이는데
빔이라는 우리말은 부족해보이는 듯
그런 느낌을 받곤 합니다.

비어 있되 다시 보면 비어 있지 않은
이른바 진공묘유眞空妙有의 진리
사실 이 말처럼 아름다운 것은 없습니다.
진리는 미美=아름답습니다.
진리는 선善=순수합니다.
진리는 진眞=멋있습니다.

멋과 순수와 아름다움이야말로
진리가 가진 가장 소박한 가치입니다.

그런데 진공묘유입니다.
다른 말로 얘기하면 묘유진공이지요.
묘유하기 때문에 진공입니다.
불교에서 말하는 진공의 세계는
자연과학 천체물리학에서 얘기하는
아무 것도 없는 상태가 아닙니다.
공기도 산소酸素oxygen도 없는 곳
수소水素hydrogen도 없고
헬륨氦气helium도 없는 게 아닙니다.



어떤 원소元素element도 없는
공집합空集合empty set이 아닙니다.
만일 공집합이라고 한다면
소리를 전달할 수 있는 매질이 없습니다.
매질이 없다면 소리의 전달만이 아니라
어떠한 생명체도 살 수 없습니다.
생명체가 살 수 없는 세계를 두고
진리라 할 수는 없습니다.

진리는 가장 소박한 세계입니다.
가장 멋지고, 가장 순수하고
가장 아름다운 세계이어야 하는데
공기가 없어 생명이 살 수 없다면
이는 소박한 가치의 진리계가 아닙니다.

불교에서 진공묘유를 얘기할 때
묘유세계가 함유된 진공이야말로
아름다운 공의 세계입니다.
진공은 물리적으로 아무것도 없는 공空이 아닙니다.
진공의 진眞은 진짜의 '진'이 아니라
묘유를 함유한 공空의 세계가
고스란히 '진리'라는 뜻의 진眞입니다.

천자문의 공곡空谷이 비어있나요
공곡, 곧 빈 골짜기에도 나무가 자라고 숲이 있습니다.
깎아지른 절벽이 있고 솟아오른 바위가 있습니다.
새와 나비들이 지저귀고 날며
풀벌레가 짝을 찾아 바쁘게 움직입니다.
빈 골짜기이지만 늪지가 있고
양서류가 조용히 먹이를 기다립니다.

빈 골짜기에 길게 울리는 메아리
이 메아리가 울리는 법칙은
이미 다들 알고 계시는 내용입니다.
따라서 여름보다 겨울이 잘 전달되고
흙 산보다 바위 산이 잘 울립니다.
소리 물결音波을 흡수하지 않고
반사했을 때 잘 전달되는데 잎이 무성한 여름보다
잎이 다 떨어진 겨울 산골짜기는 흡음이 잘 안 되므로
메아리 전달에 많은 도움을 줍니다.

단 여기서 '빈 골짜기'라는 표현은
세간살이를 다 뺀 빈 방에서는
소리 물결이 곧바로 벽에 부딪히면서
웅웅거리는 이른바 에코가 발생하지요.
왜냐하면 소리를 내는 사람과
소리 물결을 반사시키는 거리가 가까우면
메아리가 아니라 소음이 됩니다.
좋은 말로는 에코지만 실은 소음이거든요.

## 0217 빌 공

# 空

빌 공空은 구멍 혈穴 부수에
장인 공工 자를 아래에 놓은 글자입니다.
구멍이라고 하는 것이 나무에 뚫든
산 밑으로 굴tunnel을 뚫든
해저 터널undersea tunnel을 뚫든
뚫어서 구멍이 생겼다면
메우지 않는 한 그 터널 공간은
텅 비어있지 않겠습니까.

여기서 나온 표현이 빌 공空입니다.
반드시 그런 것은 아니지만
장인 공工 자는 인위적인 뜻이 강합니다.
장인 공工 자는 인위적이지만
구멍 혈穴 자는 자연적입니다.
갓머리宀 자체가 우주를 뜻하니까요.
우주는 인위적이지 않습니다.

우주가 생기고 팽창하고
그 속에서 중성자별이 생을 다할 때
블랙 홀Black hole이 만들어지고
이 블랙홀은 또 다른 별들을 집어삼킵니다.
이 블랙홀이 인위적인가요.
사람의 손길이 아니라면 자연적입니다.
공空은 자연적 구멍을 빌렸으나
인위적으로 만든工 것도
비어있을 수 있다 하여 쓰인 글자입니다.

## 0218 골 곡

골 곡谷 자에 대해 설명하면서
곡谷 자는 여성의 이미지라고 했습니다.
두 팔上八 두 다리下八에
아래 입 구口 자는 여성의 생식기라고요.
그런데 이 골짜기를 함축해 표현한 게
바로 사람의 조감도 곧 얼굴입니다.

얼굴 용容 자가 사람의 조감도라고요.

얼굴 용容 자의 갓머리宀는 이마며 머리카락이고
위의 팔八 자는 두 눈썹이고
아래 팔八 자는 두 눈입니다.
그리고 입 구口 자는 으레 입입니다.
얼굴 용容 자는 얼굴의 그림문자이지요.
얼굴이 골짜기와 같다는 것은
얼굴에는 실제 움푹 들어간 곳만 아니라
콧등이나 코 끝처럼 솟아오른 곳도 있습니다.
이게 무엇을 의미합니까.
그 사람의 삶의 모든 희노애락이
얼굴에 담겨있다는 방증傍證입니다.

관상觀相 이야기가 아닙니다.
사람의 몸 곳곳에 골짜기와 마루가 있는데
마루, 곧 릿지Ridge를 포함한
골짜기, 곧 벨리valley가 얼굴입니다.
따라서 사람의 얼굴에는
그의 삶의 프로젝트가 들어있습니다.
얼굴의 표정 훈련이 필요한 것은
바로 이러한 원리 때문입니다.

데칼코마니아decalcomania기법이
같은 공간에서 대칭으로 나타나기도 하지만
아주 천천히 인생의 삶에서
시차를 두고 일어날지도 모릅니다.
그의 얼굴 표정과 그의 생각과
그의 언어와 행동이 아! 그의 카르마 패턴이
삶의 데칼코마니아 기법으로 말입니다.

### 0219전할 전

사람 인亻변에 오르지 전專 자인데
중간 전달자는 오롯해야 한다는 것이지요.
가령 주는 사람이 잘 익은 5개 사과 1kg을 주었다면
전하는 사람은 어떤 경우든
숫자와 무게가 그대로이어야 합니다.
중간에 슬쩍한다거나 바꿔치기를 한다면
트랜스퍼transfer의 임무와 함께
딜리버deliver의 임무를 저버린 것입니다.

## 0220 소리 성

소리는 싸운드sound로 표현되고
보이스voice로도 표현되고 있습니다.
두루 알다시피 보이스는 사람의 목소리고
싸운드는 사람 목소리를 포함하여
다른 생명들의 우짖는 소리와
음향, 소음, 잡음, 소란, 소식, 통지, 신호 등
모든 소리를 통틀어 일컫습니다.

성殸도 '소리 성' 자이고, 성声도 '소리 성' 자입니다.
성殸은 옛 악기 경쇠磬의 본자입니다.
경쇠는 옥이나 돌로 만들었는데
조선 최고의 과학자이자 물리학자였던
장영실 선생이 만든 경쇠가
우리나라 궁중음악사에 있어서
가장 소중한 역할을 했을 것입니다.

소리의 세 가지 요소는 잘 아시지요?

소리 성聲 자에 담긴 뜻을 새기면
경쇠声를 쳐殳서 나는 소리가
귀耳에 들리는 것으로서
음폭의 세고 여림과
음정의 높고 낮음과
음색의 길고 짧음 등을 판단하였습니다.

아! 참 그렇구나!

<056>

공空곡谷전傳성聲

허虛당堂습習청聽

0221 빌 허虛

0222 집 당堂

0223 익힐 습習

0224 들을 청聽

빈골짜기 메아리가 전해지듯이

빈집에서 하는말도 익히들으라

생명 역사는 봄view에 앞서
들음hraring의 역사요,
듣기 훈련ear training의 역사입니다.
아빠는 태중의 아기에게 말을 건넵니다.
"아가야, 우리 소중한 아가야!"
"건강하게 예쁘게 자라라!"
"우리 보석, 우리 아기, 곧 만나자."

엄마도 자신의 배를 만지며 얘기합니다
"아가야! 방금 아빠 말씀 들었지?
울 아기 사랑한다.
사랑한다, 사랑해 울 아기.
울 아기. 많이많이 사랑해."



한 마리 개구리가 울기 시작하자
여기저기서 울어재낍니다.
고래실 논에서 연못에서
웅덩이에서 알을 낳기 위해
애틋하게 부르고 짝짓기가 끝나고 나면
알을 지키기 위한 영역을 알립니다.

아닙니다. 그게 아닙니다.

알에서 곧 깨어날 어린 올챙이들에게는
엄마 아빠의 기도가 필요합니다.
부부 개구리는 경을 욉니다.
어엿한 생명으로 잘 부화하라고
현미경으로나 볼 수 있을 작은 생명들이
독경 소리를 들으며 꼼지락댑니다.

개구리로 성장한 다음
올챙이 적 생각을 못 한다고 하는데
전혀 그렇지가 않습니다.
올챙이일 때 엄마 아빠로부터
익히 들어온 독경 소리를
개구리들은 정확히 기억하고 있습니다.
한 소절 한 소절 경을 욀 때
기억한 대로 그대로 풀어냅니다.

어디서 어떻게 소리를 높이고
어디서 어떻게 음색을 늘일지
어디서는 빠르게 외고
어디서는 여리게 외어야 하는지
정확하게 기억해remember냅니다.
그리하여 다시 태어날

저들의 제2세 올챙이들에게
고스란히 대물림으로 물려줄 것입니다.

올챙이가 알에서 부화하면서
보름 뒤 뒷다리가 나오고
다시 열흘이 지나면 앞다리가 나옵니다.
그러면 꼬리는 언제쯤 없어지나요.
앞다리가 나온 지 3주 뒤 꼬리가 없어지고
없어지는 기간은 사나흘 정도입니다.
다시 말해 올챙이가 알에서 부화하고
성체 개구리가 되기까지는 대략 두 달 안팎입니다.
올챙이와 개구리는 완벽하게 다르지요.

이는 사람도 마찬가지입니다.
난자를 만나러 가는 정자에게는
올챙이보다 더 긴 꼬리가 있습니다.
이 긴 정자 꼬리가
난자를 만나 수정이 되면서 곧바로 없어지지요.
그리고는 애기집子宮에 착상합니다.
이 애기집은 여성만이 갖고 있습니다.

그래서 남자를 맨man이라 하는 데 비해

여자는 자궁 움womb을 붙여
우먼woman이 됩니다.
실제 움맨wombman이 맞겠지만
중간의 mb 두 자가 탈락하고
결국에는 우먼Woman이 되었습니다.

서양에서는 '요람에서 무덤까지'라는 속담이 있습니다.
우리말 '검은 머리 파뿌리가 되도록'보다
더 철학적인 뜻을 담고 있습니다.
애기집의 뜻을 담은 요람womb과
무덤을 뜻하는 툼tomb이
캐피탈Capital 문자 W와 T만 다를 뿐
다음 글자들은 다 동일합니다.

이게 무슨 뜻이겠습니까.
태어나기 전의 모태母胎 자궁womb과
죽은 뒤 잠드는 곳 무덤tomb이
하나로 이어지는 순환의 법칙입니다.

이들 세계를 이해하고 나면
우리가 천자문을 통해 한문을 익히고
그 한문 속에 담긴

인간의 삶과 인간의 깊이있는 철학과
인간의 역사와 문화를 이해하고 있지만
영어 속에 담긴 철학과 사조도
결코 가볍게 볼 수 없다는 것입니다.

동양과 서양 예와 이제를 막론하고
인간은 언어를 구사하면서 살아왔습니다.
이를 기호로 만든 것이 문자입니다.
따라서 문자 이전에 말이 있었고
그 말이 제대로 전해지기 위해서는
소리의 구별이 반드시 필요했습니다.

소리가 전해지기 위해 필요한 게
소리의 3가지 구성 요소라 했습니다.
어제도 언급했듯이 소리가 전해지려면
음파가 부딪힐 매질이 필요합니다.
언어에는 방정식이 있습니다.
말의 이큐에이션equation입니다.
그런데 이왕이면 사랑 방정식이 좋겠네요.
그런데 정작 내가 하고픈 얘기는
이들 사랑 방정식에 숨겨진 비밀입니다.

아기는 엄마를 본 적이 없습니다.
아빠도 본 적이 없습니다.
그러나 엄마 아빠 목소리는 기억합니다.
엄마 배에 귀 대며 속삭였던 아빠의 사랑 담긴 음성과
엄마가 손으로 배를 쓰다듬으며 사랑한다고 했던
그 목소리만큼은 정확하게 기억합니다.

그런데 나나 여러분은 태내에서의
아빠 엄마 목소리를 제대로 기억해내지 못하지요.
그 이유가 무엇일까요. 백화점 효과 때문입니다.
구멍가게에서는 물건이 몇 개 안 되기에
새로 기억할 게 많지 않습니다.
그러나 백화점은 그야말로 백화점입니다.
온갖百 물건化들이 모인 곳店입니다.

그래서 영어가 재미있습니다.
데파트멘드 스토어department store에서
데파트depart가 떠남이고 또한 작별입니다.
그동안 이게 가장 좋다고 보았는데
더 좋은 제품을 보면서 곧바로 잊어버립니다.
다시 말해 앞 생각과의 작별입니다.

아함 방등이 최고 가르침인 줄 알았는데
법화 열반 화엄의 가르침을 만나면서
생각의 전환이 오는 것은 당연한 것입니다.
엄마 태내에 있을 때 들은 엄마 아빠의
사랑스런 말들을 기억하지 못하는 것은
태어나 많은 사건들을 접하면서
태내 생활 때 들음과 작별하기 때문입니다.

여기서 이렇게 생각할 수도 있습니다.
그게 백화점 효과라면 태내에 있을 때 들려 준
사랑이 담긴 엄마 아빠의 목소리가
별볼일 없었다는 얘기가 아니겠느냐고요.
비유는 어디까지나 비유일 뿐
비유가 실제 그 자체일 수는 없습니다.

아무튼 개구리는 올챙이 적에 들은
엄마 아빠 사랑의 독경소리를 기억합니다.
그래서 성체 개구리가 되어서도
엄마 아빠에게서 듣고 기억한 목소리를
다음 세대 개구리 알들과
올챙이들에게 그대로 전달해 줍니다.

부처님 경전의 편집구성 중 하나가
여시아문如是我聞의 법칙입니다.
어떤 경전도 '여시아문'일 뿐
여시아견如是我見이 아니라는 것입니다.
나는 이와 같이 부처님께서
말씀하시는 것을 들었다고 했을 뿐
말씀하시는 것을 보았다고 하지 않습니다.

지극히 당연한 얘기라고요?
그때 그 당시는 비쥬얼의 세계보다
히어링의 세계가 발달되었기 때문이라고
동영상으로 전해지기가 그렇잖느냐고
귀로 듣고 머리 속에 기억하는 게
눈으로 보고 두뇌 속에 기억하는 것보다
더 쉬운 시대였다고요?

소리를 녹음하는 기술이 영상을 녹화하는 기술보다
수백 년 수천 년 앞선 것도 아닙니다.
고작 해보았자 100년도 차이 나지 않습니다.
따라서 부처님 말씀을 녹음하는 것과
말씀과 설법 장면을 녹화하는 것으르
여시아문과 여시아견을 논할 수는 없습니다.

아무튼 불교 경전은 들음의 경전입니다.

금강경에서는 말씀하시지요.
여금제청汝今諦聽하라 하시니
이는 "너는 이제 잘 들으라!"라고 하심입니다.
"잘 보라"가 아니라 "잘 들으라"입니다.
부처님의 말씀에 수보리가 답합니다.
수보리는 머리가 비상하지요.
부처님과 코드가 기가 막히게 잘 맞습니다.
"원요욕문願樂欲聞하겠나이다."
곧 "네, 잘 듣고 싶습니다."

그냥 잘 듣겠다 하면 될 터인데
"잘 듣고 싶습니다."라고 답을 합니다.
수보리는 백화점 효과를 이미 생각하고 있었을 것입니다.
중간에 생각이 흐트러지면 어쩌지 하는
걱정을 하고 있었기 때문에
" '원요욕문' 잘 듣고 싶습니다."라고
보다 솔직하게 표현한 것입니다.

## 0221 빌 허

# 虛

범虍은 사자와 마찬가지로
자기의 영역业을 중요시하는 동물입니다.
그런데 이 두 글자가 합虛하여
비다, 없다, 헛되다 등으로 쓰이는 것은
범의 영역에 조심스레 들어갔는데
범이 보이지 않자 하는 말이
"아무것도 없네."라고 안심한 데서
빌 허虛 자가 나왔다고 보면 됩니다.
뚜안위차이는 그의 책《說文解字注》에서
이를 '큰 언덕'이라 풀었습니다.

## 0222 집 당

해인사에는 요사로 궁현당窮玄堂이 있고
큰법당으로 대적광전大寂光殿이 있습니다.
옛날에는 신분을 가리지 않고
높은 이가 머무는 곳을 당堂이라 했는데
한대 이후로는 신분에 관계없이
모두 전殿이라 칭하게 되었습니다.
그러나 당堂보다는 전殿이 높은 개념 맞습니다.

부처님을 모신 곳이나
천자가 머무는 곳을 전殿이라 하고
스님들이 머무는 곳은 당堂이라 하여
청허당 사명당으로 불리웠습니다.
당보다 높고 전보다 낮은 곳이 각閣입니다.
예전에는 대통령 호칭 뒤에
각하閣下라는 택호를 덧붙였는데
요즘은 생략하고 있습니다.

대통령 장관 등이 이미 높임말인데
여기에 다시 대통령님, 장관님 하니까.
거듭 높임말이 됩니다.
하긴 회장 사장 교장 총장 등
장이 이미 높임말인데도
우리는 회장님 총장님하고 님을 덧붙이니까요.
같은 과장끼리도 과장님이라 하면서
대통령에게 님자를 붙이는 것을
뜨악하게 바라보는 세태지요.

교황과 추기경에게는 성하를
종정에게는 예하를 꼭꼭 붙이면서
대통령에게 각하를 붙이면
상고시대 사람으로 취급받습니다.
아예 이참에 성하나 예하도 다 없애고
교황 어르신, 추기경 어르신
종정큰스님 정도로 생략하면 안 될까요.

## 0223 익힐 습

# 習

새가 날갯짓羽을 처음白 시작함을
습習이라고 하는 데서 익힘을 뜻합니다.
습習이라는 글자는 학學 자와 더불어
지성 콩쯔孔子 선생의《룬위論語》첫머리
〈쉬에얼피엔學而篇〉에 나오는
'학이시습지學而時習之'에서 비롯되었습니다.
'배우고 때로 익히면 즐겁지 않은가?'로
너무나 유명한 말씀이지요.

## 0224 들을 청

# 聽

듣음耳에 맡기壬면 덕이 있다는
매우 소박하고 진지한 뜻입니다.
더 쉽게 얘기하면 귀耳의 덕이고
제대로 들을 때 '덕이 있음'입니다.
아무도 없는 텅 빈 방에서도
듣는 자가 있을 수 있으니
말을 조심하라는 뜻이 들어있습니다.

어디선가 이리도 이른 새벽에
바이올린 연주보다 더 섬세하고
더욱 잔잔하게 들리는 귀뚜라미 울음!
아! 가을도 아니고 설마 환청幻聽은 아니겠지?

<057>

## 화禍인因악惡적積
## 복福연緣선善경慶

0225 **재앙 화**禍

0226 **인할 인**因

0227 **모질 악**惡

0228 **쌓을 적**積



악이쌓임 말미암아 재앙이오고
선과경사 반연하여 복이오는법

자연自然의 법칙은 그냥 자연스럽습니다.
스스로 자自에 그러할 연然이니까요.
인위적人爲的이지 않습니다.
사람人이 만드는爲 게的 아닙니다.
사람들은 얘기합니다.
이른바 무위無爲의 세계는
작위作爲를 초월하였기에 무루無漏며
무루이기에 영원하다고요.

그러나 무위는 작위가 없지 않습니다.
무루는 샘漏이 없는 게 아닙니다.
무루가 샘이 없는 게 아니기에 영원한 게 아닙니다
변화하는 법입니다
변화는 유위와 무위에 상관없고
유루와 무루에 상관없으며
영원과 단멸에 상관없이 이어집니다.

나는 가끔씩 대중탕에 갑니다.
평소 늘 샤워Shower를 합니다만
이따금씩 대중탕에 가는 데는
다 그만한 이유가 있습니다.
피부에 쌓인 때를 밀기 위해서지요.

밀려나가는 때를 보면서 기쁨을 느낍니다.
내가 짐짓 만든 때가 아니더라도
자연적으로 생긴 때라도 때는 때니까요.

사람의 피부는 세 겹으로 되어 있는데
맨 거죽이 표피表皮Epidermis이고
표피 안쪽이 진피眞皮Dermis며
맨 안쪽이 피하조직皮下組織입니다.
표피 두께는 평균 0.1mm이고
진피 두께는 표피의 10배인 1mm이며
피하조직은 진피보다 좀 더 두껍습니다.

표피 바깥쪽은 각질층角質層입니다.
이 각질층 케라틴Keratin의 성분은
생화학적으로 콜라겐Collagen입니다.
이 콜라겐은 끓이면 젤라틴Gelatin이 되는데
아교阿膠 성분, 곧 글루Glue지요.
그러다 보니 먼지가 달라붙기 아주 좋습니다.
아교질은 먼지를 빨아들입니다.

그런데 왜 피부 거죽을 각질층이라 합니까.
그것도 살갗과는 아무 상관없는

뿔 각角 바탕 질質 층 층層 자일까요.
호니 레이여Horny layer와
스트레이타 코르니아Strata Cornea
어느 쪽이든 뿔처럼 솟은 층이지요.
그런데 피부에 무슨 뿔이 있겠습니까.

마치 연잎에 돋아난 나노Nano 돌기처럼
사람 피부에는 프로미넨스Prominence
곧 돌기가 촘촘하게 솟아 있다는 뜻입니다.
피부에 나노 돌기라고요.
맞습니다. 나노 돌기가 있습니다.
얼핏 보기에 피부가 매끈한 듯싶지만
진피 거죽은 마치 엠보싱처럼
뾰족뾰족한 나노 돌기로 되어 있습니다.
워낙 작아 잘 보이지 않을 뿐입니다.

각질은 물론 표피에는 혈관이 없습니다
따라서 각질이 떨어져나가도
피가 나지 않고 통증도 없습니다.
각질이 온통 먼지는 아니지요.
이 또한 오래된 피부이며 늙은 세포입니다.
이 세포 피부에 먼지가 쌓이고 그것이 때가 됩니다.

내가 피부에 먼지를 쌓은 것이 아닙니다.
아교질 피부가 먼지를 빨아들이고
먼지는 아교질 피부를 세상 끝까지라도
따라다니며 사랑을 나눕니다.
따라서 내가 때를 만드는 게 아니라
이처럼 피부에 먼지가 내려 앉고
늙은 피부 세포가 마침내 때가 되는 것이지요.

재앙은 악이 쌓이는 데서 생깁니다.
화인악적禍因惡積의 해석이지요.
지금까지 많은 이들은 이 문장을 옮길 때
'재앙이란 악을 쌓는 데서 기인한다'고 하여
자동사 '악이 쌓이다'가 아닌
'악을 쌓다'라는 타동사로 풀이합니다.
나는 처음 《천자문》을 지은 이
저우씽쓰周興嗣의 생각을 존중합니다.

위대한 문인 저우씽쓰가
화인적악禍因積惡이라 하지 않고
화인악적禍因惡積이라 하여
일반적으로 목적어가 되어야 할 악惡을
동사 뒤에 목적어로 두지 않고

동사 앞에 주어主語로 놓은 것이
운韻을 맞추기 위해서라고 생각하지 않습니다

주어 뒤에 동사, 또는 술어가 올 때
주어의 토씨는 '가'나 '이'로 붙입니다.
'을'이나 '를'을 붙일 수 없습니다.
마찬가지로 동사 뒤에 목적어로 올 경우
'을'이나 '를'을 붙일 수는 있지만
'이'나 '가'로 붙일 수 없는 것이지요.

따라서 화인악적禍因惡積은
재앙의 원인은 악이 쌓임에서라든가
재앙은 악이 쌓임에 기인하다고 풀어야지
재앙은 악을 쌓는 데서 기인한다고 풀지 않습니다.

내 얘기는 악은 짐짓 쌓은 것이 아니라
악이 저절로 쌓임입니다.

먼지와 피부 사이에 중력이 작용하면서
저절로 먼지가 쌓여 때가 된 것이지
사람이 자기 피부에 먼지를 차곡차곡 쌓아
때를 만들어 낸 것이 아니라는 것이지요.

## 0225 재앙 화

# 禍

칼라미티calamity라고 알고들 있겠지요.
우리가 보통 삼재三災라고 얘기하고
한국불교 사찰에서 입춘 때면
어김없이 봉행하는 삼재풀이 기도의 삼재
그 삼재가 다름 아닌 칼라미티입니다.
재앙, 재난, 재해, 큰 불행, 불운, 비운, 고난 등
다양하게 얘기하고 있는데
대재해는 지진, 화재, 홍수 따위고
재난은 실명, 실청 따위입니다.

비슷한 말로 디재스터Disaster가 있지요.
재해 천재 재앙을 비롯하여
뜻밖의 끔찍한 불행이라든가
큰 재난 큰 참사를 디재스터라고 합니다.
캐터클리즘Cataclysm이나
캐터스트로피Catastrophe란 말도
큰 이변 대참사를 일컫는 재난 용어입니다

이러한 천재지변은 자연현상입니다.
피해를 입는 생명의 입장에서는 재난이지만
대자연의 입장에서는 그냥 자연의 현상입니다.
우리의 의지와 상관없이 지구는 때로 화산폭발을 일으키고
지각 변동에 의해 대지가 갈라집니다.

상전벽해桑田碧海지요.
뽕나무 밭이 푸른 바다가 되고
푸른 바다가 태산이 되기도 합니다.
쓰나미도 인간에게 피해를 입힐 뿐이지
원천적으로는 천재가 아니라 자연현상이지요.

그렇다면 피부에 덕지덕지 앉은 때가
모두 자연적으로 쌓인 것입니까.
세상에는 그렇지 않은 경우가 얼마든 있습니다.
스스로 업業Karma을 짓기도 합니다.
명사 뒤에 '을' '를'을 붙이면 타동사지요.
업이 저절로 지어지는 게 자동사라면
사람이 짓는 업은 타동사입니다.
나는 타동사 업장도 참 많이 지었습니다.

어렸을 때 시골에서 자란 나는

곤충들과 가까웠고 농작물과 친했습니다.
눈 뜨면 농사일에 매달려야 했고
쥐나 뱀 따위 혐오 동물이 눈에 띄기라도 하면
거의 사정을 두지 않고 죽이곤 했습니다.
실로 지긋지긋한 가난 때문에
국민학교(초등학교) 4학년을 끝으로
정상적인 교육은 접어야 했습니다.
그리고 농사일에 매달렸지요.

그러면서 나도 모르게 사회에 대한 불만이
가득할 대로 가득했다고 봅니다.
쥐나 뱀이 내게 무슨 죄를 지었다고
닥치는 대로 그리고 눈에 띄는 대로
그 소중한 생명들을 죽여야 했는지
지금 생각해 보더라도 죄는 많이 지었습니다.

특히 잠자리를 붙잡아
몸통 꼬리 쪽을 무참하게 잘라내고
거기에 풀잎 대공을 뽑아
잘라낸 잠자리 꽁무니에 깊숙이 꽂고
날리기를 시도하곤 했으니
그런 상태로 잠자리가 날 수 있겠습니까.

아무리 생각해 보더라도
그 죄업을 어찌 다 받을 것인지요.

또 어떤 때는 개구리를 붙잡아
개구리 똥구멍(실제 똥구멍인지는 모르나)에
풀잎 대공을 꽂고 입으로 세게 불어
개구리 배를 고무풍선처럼 부풀렸습니다.
개구리 입장에서라면 어떻습니까.
사람에게 지은 죄도 없는데
붙잡혀서 생사를 넘나들어야 하니
아! 나의 그 인과응보를 다 어쩌란 말입니까.

지금은 약간만 과식하더라도
빵빵한 배를 움켜쥐고 숨이 가빠하는데
어쩌면 이게 다 인과응보일 것입니다.
그게 아니라고요?
많이 먹고 운동 안 하고
소화를 시키지 않아서라고요.
아무튼 죄를 짓기도 많이 지은 게 맞습니다.
이제 나는 개구리를 괴롭힌 인과를
고스란히 받고 있는 것입니다.

재앙 화禍 자를 파자하면

재앙은 내 의지라 할 수 없습니다.

보일 시示 변은 신의 계시일 뿐입니다.

이 보일 시示 자가 들어간 글자들은

거의가 신神과의 연결선상에서 표현됩니다.

복福이 보일 시示 변에 들어 있듯

화禍도 보일 시示 변에 들어 있는데

복을 내리지 않음이 재앙이고

재앙을 내리지 않음이 곧 복입니다.

### 0226 인할 인

큰 입 구口가 영역이라면

큰 대大 자는 서 있는 사람입니다.

두 팔 두 다리를 벌리고 서 있습니다.

사람은 자기 영역을 넓히는 데 힘을 쏟습니다.

재산의 영역, 명예의 영역

위치의 영역을 위해 애쓰는 존재입니다.

모든 사건의 바탕에는 사람이 있고
온갖 선과 악에도 그 동기는
사람을 떠나 있을 수 없다는 뜻이지요.

## 0227 모질 악

'모질다'의 뜻은 설명이 필요없습니다.
'모질다' 그냥 못된 짓일 뿐이니까요.
'모질다, 모가 지다, 모가 나다, 모서리가 나다'입니다.
'모질다'의 어원은 '모가 나다'입니다.
모가 나면 다칠 수 있습니다.
모난 책상, 모난 침대, 4각 기둥의 모서리도 모짐입니다.
모든 각진 것은 다 모서리며 모짐입니다.

둥근 형태는 사람을 잘 다치게 하지 않습니다.
어디에 부딪힌다 하더라도
원형은 사람을 잘 다치게 하지 않습니다.
따라서 모가 나면 곧잘 사람을 다치게 하기에

‘모질다’는 말은 ‘악하다’로 풀이됩니다.
모진 것은 조심하면 됩니다.
악이라는 상태는 늘 어디나 존재합니다.

세상은 둥근 형태만 있는 게 아니라
모서리가 있는 사물도 똑같이 많습니다.
모서리 사물은 조심만 한다면
모서리가 사람을 먼저 해치지는 않지요.
악도 마찬가지입니다
악이 나쁜 게 아니라 사람이 조심하지 않기에
그렇게 나쁜 이미지로 비칠 뿐입니다.

악을 에빌evil이라 하는데 악이 에빌이 아니라
조심하지 않음이 에빌입니다.
책상 모서리에 부딪쳐 다친 뒤 얘기합니다.
“뭐야, 왜 이렇게 모서리가 날카로워!”
하지만 알고 보면 모서리 탓이 아닙니다.
조심하지 않은 자의 책임이 더 큽니다.
따라서 모짐惡은 버금亞 마음心일 뿐입니다.

## 0228 쌓을 적

# 積

벼 화禾 부수에 꾸짖을 책責 자를 썼는데
볏단의 낟가리를 차곡차곡 쌓음이고
볏섬을 하나하나 쌓음이고
재물貝을 한 푼 두 푼 쌓아 모음입니다.
꾸짖는 자責는 재산貝 주인主이지요.
꾸짖는 자는 갑질하는 주인입니다.
을이 꾸짖는 자일 수는 없습니다.
재앙은 사람이 악을 쌓기도 하지만
악이 쌓이므로 인해 다가오기도 합니다.
하지만 자동사든 타동사든
모진 동기에 따른 모진 결과는 분명합니다.

<058>

화禍인因악惡적積

복福연緣선善경慶

0229 복 복福

0230 인연 연緣

0231 착할 선善

0232 경사 경慶



악이쌓임 말미암아 재앙이오고

선과경사 반연하여 복이오는법

선을 쌓은 집안積善之家에는
반드시 남은 경사가 있다必有餘慶.

이 글은 《이징易經》〈곤괘坤卦〉
〈원이엔쭈안文言傳〉에 나오는 명언입니다.
이 글에 이어 나오는 문장 몇 마디는
말씀 자체가 너무 섬뜩하여
차마 입에 올리기조차 좀 그렇습니다.
그러기에 여기서는 생략하고 마지막에 나오는 말씀은
이 글과 대칭을 이루기에 올려봅니다.

불선을 쌓은 집안積不善之家에는
필히 남은 재앙이 있다必有餘殃.



선善의 다른 쪽은 악惡이 아니라 불선不善입니다.
어제 글에서도 언급했습니다만
악惡이란 첫 번째 마음이 아닐 뿐입니다.
악은 곧 버금亞 마음心입니다.
버금은 다름 아닌 세컨드Second지요.
재앙은 악이 쌓임에서 기인한다고 하여
앞 글에서 자동사로 풀었습니다.

이는 자연현상일 경우에 한하고
만일 타동사일 경우는
자연이 아닌 인위적 재앙입니다.
문제는 자연현상일 경우에는
후유증이 오래가지 않을 수 있습니다.
그러나 인위적일 때는 후유증이
생각보다 오래오래 지속된다는 것입니다.

가령 지름이 1km나 되는 혜성이
초속 20km로 날아와 지구와 충돌한다면
그 위력이 얼마나 되겠습니까.
이는 1945년 히로시마에 투하한
원자폭탄 1억 개에 맞먹는다고 합니다.
실제 지구상에 핵무기 1억 개를
동시에 터뜨린다면 어찌 될 듯싶습니까.

상상이 안 가는 일입니다.
자연재해에 비해 핵무기의 피해는
방사능이라는 후유증을 고스란히 남깁니다.
애리조나에 떨어진 혜성으로 인해
지구상 생명들이 많이 사라지긴 했지만
피폭으로 인해 고통받는 이들은

핵무기와 대조하면 아무것도 아닙니다.

그렇기 때문에 비핵화가 우선입니다.
핵은 아예 소유하지 않는 것이 좋습니다.
일단 핵을 소유하게 되면
아예 없을 때와 견주어 생각할 때
위급한 상황에서 언젠가는
터뜨릴 가능성을 갖고 있다는 것입니다.
실로 엄청 불안한 것이지요.

자연적인 재앙 다시 말해 천재지변의 피해는
시간이 흐르면 자연 치유가 가능합니다.
그러나 사람이 만든 인위적인 재앙
특히 핵무기를 터뜨려 문제를 일으키면
그 피해는 세세생생 이어질 것입니다.

내 대에서 끝나는 게 아니라
자녀에게서 자녀에게로
손자 손녀에게서 손자 손녀에게로
엄청난 고통이 이어질 것입니다.
핵은 물리학 중에서도 가장 정밀한 물리학입니다.
물리학의 최첨단이며 최고봉입니다

오죽하면 핵물리학 분야가 따로 있겠습니까.

혜성 충돌은 말할 것도 없거니와
운석이 지구에 다가와 부딪치더라도
그 피해는 상상을 초월합니다.
우리 지구가 어찌 될 것 같습니까?
1억 개의 핵이 동시에 터지는 것과 맞먹는다면
그 힘이 엄청난 것은 맞지만
무엇보다 방사능으로 인한 핵 후유증이
혜성 충돌에는 없다는 것입니다.

내가 악을 쌓으려 하지 않더라도
저절로 악이 쌓여 재앙이 온다고 했습니다.
내가 때를 묻히려 하지 않더라도
내 피부의 콜라겐 아교질이
세상의 온갖 먼지를 다 빨아들이고
먼지는 아교질을 좋아하여
내 피부가 비록 애써 부르지 않더라도
꽃향기에 취해 날아드는 벌과 나비처럼
피부로 모여들게 되어 있습니다.

그런데 선을 쌓는 일은 다릅니다.

악은 꾀지 않더라도 저절로 이끌리는데
선은 애써 닦지 않으면 절로 쌓이지 않습니다.
악은 자동사가 가능하지만
선은 반드시 타동사이어야 합니다.
그러기에 저우씽쓰周興嗣는 그의 저서 《천자문》에서
재앙은 악이 쌓이는 데서 기인하고
복은 선을 쌓고 경사를 부르는 데서
가능해진다고 한 것입니다.

우리나라가 낳은 위대한 철학자이자
종교인이며, 민중계몽가며, 사상가며, 철저한 수행자며
위대한 보살마하살이었던
통일신라 시대 원효 큰스님께서는
그의 《발심수행장》에서 이렇게 말씀하십니다.

무릇모든 부처님이 적멸궁을 장엄함은
다겁생의 사욕고행 마다않은 결과이고
중생들이 화택문에 끊임없이 윤회함은
무량세월 쌓인탐욕 버리잖은 결과로다

막음없는 하늘나라 이르는이 적은것은
삼독번뇌 끌어모아 집안재물 삼음이고

꾐이없는 삼악도에 너도나도 가는것은
사사오욕 보물삼아 망상만을 키움이라
동봉 옮긴《우리절 법요집》264~268쪽

이 글에 따르면 하늘나라나 극락세계는
오는 길을 막은 적이 없습니다.
그런데 왜 천당이나 극락에 가지 않을까요.
선은 일부러 닦지 않으면 안 됩니다.
마찬가지로 삼악도에서는
중생들에게 마케팅을 한 적이 없습니다.
그런데 왜 거기 가길 좋아합니까.
먼지와 피부처럼 서로 끌어당기는
중력의 법칙이 악에는 작용하는 까닭입니다.



여기서 중요한 게 있습니다.
유가儒家의 성선설性善說이냐
법가法家의 성악설性惡說이냐
불가佛家의 성공설性空說이냐입니다.
멍선생孟子은 인간은 본성이 착하다며
그 예로 측은히 여기는 마음 인仁을 들었습니다.
그런데 정말 인간의 본성이 착한가요?

한선생韓非子은 “인간의 본성은 악하다”며
그래서 교육과 체벌이 필요하다 했습니다.
정말 인간의 본성이 악한 것일까요.
그렇게 한 마디로 딱 잘라
착하다 악하다로 얘기할 수 있을까요.

나는 이에 대해 평생을 두고 생각했습니다.
성선설과 성악설 중 어느 게 옳을까.
‘제 논에 물 대기我田引水’라며 나무라더라도
나는 당당하게 얘기할 수 있습니다.
성공설만큼 마땅한 설을 찾기 어렵다고요
불교에서는 "자성이 본디 공하다"며
가만히 앉아 자성을 지키지 않고
무엇이든지 인연 따라 이루어진다 했습니다.

하지만 나는 어느 게 옳고 그른 것인지
이를 논하려는 게 아닙니다.
다만 누가 내 생각을 묻는다면
불수자성수연성不守自性隨緣成이
내 철학과 맞는다고 답할 뿐입니다.

천자문 저자 저우선생周興嗣의 설을 빌리면

재앙은 악이 쌓이는 데서 생기고
복은 선을 쌓는 데서 생긴다고 합니다.
앞의 글 '악이 쌓여 재앙이 생긴다'는 게
저우선생 자신의 철학이라면
뒤의 선을 쌓은 집안에는 남은 경사가 있고
불선을 쌓은 집안에는 남은 재앙이 있다는 글은
저우씽쓰 자신의 글이 아니라 퍼온 글입니다.
바로《저우이周易》에서 말입니다.

## 0229 복 복

# 福



복福은 화禍처럼 보일 시示에 쓴 글자이니
복도 실은 인간이 만든 게 아닙니다.
충분히 선을 닦고 쌓은 이들에게
분명 신神이 내린 게 맞습니다.
이 신이 어떤 신인지는 종교에 따라 다르지만
한국인의 정서에서는 하늘이겠지요.

지금은 기독교의 하나님으로 바뀌어가지만
우리에게는 우리의 하늘이 계셨고
지금도 계시며 앞으로도 계실 것입니다.
한一 사람口, 한 사람 먹고 살 수 있는
가장 기본적인 경제田가 넉넉함畗이며
이를 하늘이 주셨다고 본 것입니다.

선善을 쌓으면 하늘이 복을 주시고
불선不善을 쌓으면 하늘이 재앙을 주신다는
이 소박한 가르침에 종교가 있습니다.
따라서 《저우이》는 그 자체가 바이블입니다.
기독교의 성서나 불교의 경전 속에만
종교성이 내재되어 있는 게 아니라
유교 경전 《이징》 곧 《저우이》도
종교적 성질을 담고 있습니다.

## 0230 인연 연

인연, 연줄, 연분, 가장자리, 가선縇, 까닭, 이유, 가설
장식, 거죽, 물체의 바깥 부분, 연유하다, 인하다
말미암다, 인지하다. 두르다. 꾸미다 따위와
실 사纟부에 판단할 단彖 자를 쓴 자로
단彖의 새김은 '판단할 단' 외에
'돌 시彖'라고도 하는데 돌은 돼지입니다.
따라서 이때는 '돌 시'가 아니라
정확하게는 '돝 시'라고 새겨야 맞겠지요.





그러나 '돌 시彖'는 돝이라는 돼지와
다른 의미도 함께 담겨 있습니다.
또 '돌'이란 돼지 외에
'돌다' '두르다'의 뜻이 있습니다.
돼지 시豕 자와 돌 시彖 자가 비슷합니다.

옷의 가장자리를 다른 헝겊으로
가늘게 싸서 두른 선을 '선 두르다縇'라 하는데

이를 영어로는 레이스Lace라 하던가요

이 '선 두르다' 두름이 돌이 되기도 합니다.

서까래椽도 가늘고 긴 나무로

지붕 끝을 세로로 나열해 두른 가선

곧 지붕의 레이스에 해당한다고 보겠네요.

## 0231 착할 선

두 마리並 양羊이 같은 자리에서

사이좋게 풀을 뜯는 것口을

이미지로 재미있게 그려낸 글자입니다.

영어로는 굳Good이지요.

## 0232 경사 경

# 慶

남의 좋은 일에 사슴鹿을 선물하고
겸손함夊을 잃지 않는 마음心과
축하慶한다는 뜻을 전하는 의미입니다.
경사, 선행, 상賞, 상으로 내리는 것
복福, 다행한 일, 하례하다, 경사스럽다, 축하하다
기뻐하다 등의 뜻이 들어 있습니다.

<059>

## 척尺벽璧비非보寶
## 촌寸음陰시是경競

0233 자 척尺

0234 구슬 벽璧

0235 아닐 비非

0236 보배 보寶

한자되는 귀한벽옥 보배아니요
시간이며 분과초를 다퉈야하리

## 0233 자 척

자, 자로 재다, 길이, 길이의 단위, 법, 법도法度
맥脈의 한 부위, 편지, 서간문, 기술자, 증명서
짧다, 작다, 조금 등으로 쓰이고 있습니다.

자 척尺 자는 피트 척呎 자와 같이 쓰입니다.
옛날 중국인은 발바닥에 표를 했는데
이것이 나중에 발의 크기로 변했습니다.
한 치寸의 10배가 한 자尺지요.
자 척尺 자를 자세히 보면
주검 시尸에 파임 ㇏을 한 글자입니다.

파임 ㇏이란 삐침 ㇒과 짝을 이루며
이 두 글자가 합하여 펴져나간다고 하는
여덟 팔八 자가 되었습니다.
소중한 생명 사람 인人 자가 되기도 합니다.
삐침 ㇒ 없는 파임 ㇏은 크지 않습니다.

더욱이 주검尸과 연결되었을 때
아주 작은 간격을 이룹니다.
겨우 1자밖에 안 되는 짧은 거리에
주검尸과 살아있음乀이 공존합니다.
주검 시尸는 누운 사람 모습이고
파임乀은 새 을乙 자로도 풀이하는데
자 길이의 눈금 표지標識를 의미합니다.

저우周시대 제도하에서의 미터법은
오늘날 미터법의 3분의 2 정도 수준입니다.
현재 미터법으로 1자는 30cm이지요.
부처님을 장육금신丈六金身이라 하는데
여기서 장丈은 10자입니다.
따라서 장육丈六은 1장 6자로서
저우시대 도량형은 4.8m가 아니라 3.6m입니다.

참고로 저우周시대 미터법을 볼까요?
푼分 : 1푼 2.25mm
치寸 : 1치 2.25cm
척尺 : 1자 22.5cm
지咫 : 8치 18cm
심尋 : 8자 180cm 통상 한 발

인仞 : 심尋과 비슷하며 7~8자 길이

장丈 : 10자 225cm

상常 : 16자 3.6m 부처님의 키

## 0234 구슬 벽

옥玉은 예로부터 귀한 물건이었습니다.
왕과 왕에 견줄 만한 위치에 있는 이라야
소유할 수 있는 권한이 주어졌습니다.
구슬 옥玉 자와 임금 왕王 자가
같이 쓰이는 이유가 바로 여기 있지요.
옥玉은 옥일 뿐, 왕王이 아닙니다.
왕의 상징일 뿐, 왕 그 자체는 아닙니다.

그 기록이 허씨지삐和氏之璧에 나옵니다.
허씨지삐에 나오는 옥의 크기는
지름이 자그마치 1자가 넘습니다.
원형으로 된 벽옥은 가운데 구멍이 있지요.

글자로 보아 구슬 벽璧 자는
구슬 옥玉 부수에 들어있어야 하는데
혹은 돌 석石 부수로 보고 있기도 합니다.
그러나 구슬 옥玉 부수가 맞습니다.

구슬 옥玉 위의 임금 벽辟 자 —
벽辟 자는 다시 주검 시尸와 입 구口 자로
그리고 매울 신辛 자로 되어 있습니다.
이 구슬 벽璧 자 한 글자 속에는
삐엔허卞和의 삶이 들어있습니다.
옥 때문에 죽음尸 직전까지 갔고
말口로 표현할 수 없는 고난辛을 겪었으며
그러면서도 끝에 가서는 환하게 웃을 수 있었으니까요.

이 삐엔허지삐卞和之璧로 인해 생긴
고사성어故事成語가 '완삐完璧'지요
우리말 '완벽'이란 말이 '삐엔허지삐'에서 온 것을
아는 이는 생각보다 그리 많지 않습니다.
또한 고사성어는 대부분 4글자이므로
사자성어四字成語로 잘 알려져 있습니다.
그러나 가장 짧은 성어가 '완벽完璧' 이란 두 글자이고
가장 긴 성어는 12글자입니다.

완벽이란 글자 그대로 '온전한 벽옥'이고
12글자 고사성어는 멍쯔 선생의 말씀이라는데
내용은 지명자 불원천 지기자 불원인
곧 知命者 不怨天 知己者 不怨人이지요.
뜻은 '천명을 아는 자는 하늘을 원망하지 않고
자기를 아는 자는 사람을 원망하지 않는다'가 될 것입니다.

그래도 가슴에 남는 단 한 마디는
'완벽完璧'이라는 말입니다.
벽옥璧玉이란 비췻빛이 감도는 옥입니다.
'구슬'이란 우리말이 가치를 평가절하하는 것 같아
다들 그냥 옥玉이라 표현하지요.
벽옥은 그린 제이드Green Jade입니다.
비취 제품이라면 경옥과 연옥을 포함합니다.

## 0235 아닐 비

# 非

한 마디로 얘기하면 에러error며 롱wrong입니다.

아닐 비非 자를 자세히 보면 어떤가요?

사람이 서로 등을 지고 앉아 있지 않습니까?

그렇게 보셨다면 잘 보신 것입니다.

비非는 부정사로 쓰입니다.

아닐 비非 자와 북녘 북北 자가

같은 뜻을 가진 다른 글자입니다.

북녘 북北 자 아래 육달월月을 붙이면

사람의 등을 가리키는 등 배背 자가 됩니다.

이 등 배背 자도 아닐 비非 자처럼

사람이 서로 등을 대고 앉아 있는데

그런 뜻에서 '등지다' '배신하다'라 합니다.

옛 한문에서도 그렇지만 중국어에서는

공부를 뚜쑤讀書라 하고 암송을 베이쑤背書라 합니다.

책書을 등지고背 앉아 읽으니

읽는 게 아니라 외는 것이지요.
어느 나라 말이나 일단 말을 배우려면
외는 훈련이 선행되지 않으면 안 됩니다.
'중국어에는 문법이 없다'라는 말이 있습니다.
'무조건 읽고 무조건 외라' 합니다.
그래서 베이쑤를 '외다'라고 하며
동시에 리닝Learning 곧 공부라 합니다.

아닐 비非와 절 배拜는 떨어진 사촌 간입니다.
절 배拜 자가 두 손 중심으로
꿰뚫어 흐르는 예禮가 있다면
아닐 비非는 예가 중심을 꿰지 못합니다.
왼손은 예가 손등으로 벗어나고
오른손도 예가 손등으로 벗어나면서 서로 만나지 못합니다.

또한 아닐 비非 자는
새의 두 날개가 좌우로 펼쳐짐을 통해
이미 날아가버렸다는 뜻으로 쓰입니다.
생각이 거기에 머물지 않고
이미 훨훨 날아가버렸다는 의미로서
부정의 뜻을 표현하고 있습니다.

## 0236 보배 보

# 寶

보배 보寶 자는 집宀안에 옥玉이 든 항아리缶가 있고
게다가 온갖 보배貝가 꽉 차 있다 하여
경제적으로 넉넉함을 뜻합니다.
집안에 재물이 그들먹하고
항아리에 옥이 담겨져 있음으로써
보배로움을 삼았다고 한다면 예나 이제나
특히 실물 경제를 내세우고 있음을 알 수 있습니다.

그런데 이처럼 소중하다고 여기는
실물 경제보다 앞서는 보물이 있습니다.
그게 무엇이라 생각되는지요.
멘털 캐퍼시티mental capacity
곧 지능知能을 두고 한 말일까요.
요즘 알파고AlphaGo로 인해
세상을 떠들썩하게 한 인공 지능의 지능
인텔리전스intelligence를 두고 한 말일까요?

아닙니다. 시간입니다.
시간보다 소중한 것은 어디에도 없습니다.
사바세계는 돈이 아무리 많더라도
시간까지 살 수는 없습니다.
돈으로 벽옥으로 보석으로 치자면
극락세계에 가면 됩니다.
거기서는 비좁은 집안에
보석 항아리를 들일 게 아닙니다.

아닙니다. 극락세계는 능대능소能大能小입니다.
집안이든 집 밖이든 가리지 않습니다.
크기와 부피가 마음대로입니다.
능다능소能多能少입니다.
수량도 내 마음 내키는 대로입니다.
능고능저能高能底입니다.
신분의 높낮이도 내 마음대로입니다.

온통 세상 자체가 황금입니다.
세상이 온통 다이아몬드이고
세상이 온통 칠보로 꾸며져 있습니다.
그러나 사바세계와 다른 게 있지요.
시간의 무제한입니다.

언리미티드Unlimited며
리미틀리스Limitless라는
무제한은 극락세계에서 온 개념입니다.

모든 게 무제한이라 하더라도
삶의 시간이 제한되어 있는 사바세계는
백 년을 다 채우지 못하고
애써 모으고 쌓은 보석과 재물과
명예마저도 다 버리고 떠나야 합니다.
하지만 극락세계는 마음 내키는 대로입니다.

저우씽쓰 선생은 얘기합니다.
"지름이 한 자 되는 벽옥이 보석 아니다."
저우씽스 선생은 이어 얘기합니다.
"시간의 분과 초를 다툴 뿐이다."

<060>

척尺벽璧비非보寶

촌寸음陰시是경競

0237 마디 촌寸

0238 그늘 음陰

0239 옳을 시是

0240 다툴 경競



한자되는 귀한벽옥 보배아니요

시간이며 분과초를 다퉈야하리

## 0237 마디 촌

# 寸

'매우 가까움, 매우 짧음'을 나타내는 말입니다.
세상에서 가장 가까운 사이는
부모와 자녀 사이입니다.
이는 1촌寸이니까요.
부모와 자녀 사이보다 먼 거리는
형제 남매 자매 사이입니다.
이는 2촌寸이니까요.
그 다음은 3촌인데 누가 해당합니까?
아버지 형제와 아버지 남매
외가로는 어머니 남매와 어머니 자매입니다.

촌수 계산은 생각보다 간단합니다.
나와 아버지 나와 어머니는 1촌이고
아버지의 형제 남매 등
어머니의 남매 자매 등이 다 2촌이니
이를 합산하면 나와 고모가 결국은 삼촌이고
나와 이모도 삼촌이지요.

촌수는 촌수일 뿐 호칭이 아닙니다.
하지만 '삼촌'이라 하면
아버지의 직계 형제라든가
어머니 남자 형제를 가리킨다고 봅니다.

작은 아버지만 삼촌이 아니라
큰아버지도 삼촌이고
어머니 동생만 외삼촌이 아니라
어머니 오빠도 외삼촌이지요.
마찬가지로 촌수로 호칭을 삼는다면
고모도 삼촌이라 부르고
이모도 삼촌이라 불러야 하는데
우리는 그렇게 부르지는 않습니다.

아랫사람이 윗사람에게 삼촌이라 하듯
역시 촌수로 호칭을 삼는다면
고모가 조카에게 이모가 조카에게
백부 숙부 외숙부가 조카에게
삼촌이라 부르는 게 으레 맞습니다.
그리고 삼촌이 또 있습니다.

글쎄, 그게 어떤 관계일까요?

증조부 증조모가 내게는 삼촌이고
외증조부 외증조모도 내게는 삼촌입니다.
그런데 증조부 증조모를 삼촌이라 부릅니까.
그렇게 부르지는 않습니다
증조부 증조모가 나를 삼촌이라 부릅니까?
촌수로 호칭을 삼는다면
증조부 증조모께서도
나를 삼촌이라 불러야 합니다.

우리는 촌수 구분이 잘 안 되어
당숙堂叔 당숙모堂叔母도 호칭이 삼촌이고
재당숙再堂叔도 호칭이 삼촌이며
삼당숙三堂叔도 삼촌이라 부르고
외당숙外堂叔도 삼촌이라 부릅니다.

그런데 예외가 있습니다.
처숙妻叔과 처당숙妻堂叔은 구분하더군요.
그래서 처숙은 처삼촌으로 부르는데
처당숙까지 처삼촌으로 부르지는 않습니다.

호칭 얘기가 나와서 그러는데
자신이 고모의 아들 딸을 소개하면서

"저희는 고종사촌 간입니다."하고
외사촌을 소개할 때도
"저희는 외사촌 간입니다."라 합니다.
이때는 내종과 외종을 묶어
어느 쪽에서 소개하든
"저희는 내외종간內外從間입니다.
이 친구가 제 고(외)종이고요."

단 이모의 자녀와 나와의 관계는
어느 쪽에서 보아도 이종간姨從間이기에
"저희는 이종 사촌 사이입니다."라며
소개하더라도 괜찮습니다.
하긴 요즘은 남편을 소개하면서도
"우리 아저씨에요."
"저희 오빠에요."로 하기도 하니까요.

마디 촌寸은 그 자체가 부수部首입니다.
매듭의 뜻 '마디'를 비롯하여
혈족의 세수를 세는 말로 '촌수'
길이의 단위로 쓸 때는 '치'로 읽습니다.
'마음'의 뜻도 담겨져 있고 매우 작다는 뜻과 함께
조금, 약간, 작다, 적다, 헤아리다 등도 있고

간격이 짧을 때 쓰기도 합니다.

영어로는 쇼트Short
베리 쇼트Very Short로 표현됩니다.
보통 손가락의 지름이 1치寸인데
이를테면 자기의 왼손 바닥과
오른손 바닥을 합하면 10치가 됩니다.
그러나 이 10치 곧 1자는
오늘날의 미터법이 아니라
저우周시대의 미터법이라고 말씀드렸지요.

## 0238 그늘 음

# 陰阴隂侌
# 蔭䕃黔荫
# 阥音䕨

'그늘 음'자가 무려 11자나 됩니다.

소리 음音 자까지 '그늘 음'으로 새깁니다.

산지북山之北이요, 수지남水之南이라는 말이 있듯

언덕이 있으면 산 그늘이 있고

물이 흐르면 그림자가 비치게 마련입니다.

그림자가 생기는 것은 빛 때문입니다.

빛이 없다면 그늘이 없고

그늘이 있는 곳에는 빛이 있습니다.

언덕을 뜻하는 좌부방阝이 그늘을 만듭니다.

그리고 오른쪽 그늘 음侌은

언덕에 의해 만들어진 그늘 그 자체며

그늘의 이미지는 그림자입니다.

그림자는 그에 앞서는 사물이 있고
그 사물에 빛이 비출 때
직진성을 가진 빛이 물질에 막히면서
그림자, 빛그림자를 만들어냅니다.
빛과 그림자는 동시에 존재합니다.
내가 이렇게 얘기하면 바로 반응하지요.
빛이 있는 곳에 그림자가 없고
그림자가 있음은 빛이 없기 때문이라고

그러나 빛과 그림자는 동시성입니다.
마치 불성과 번뇌가 한데 있듯이요.
이 빛과 그림자는 광음光陰의 풀이입니다.
빛의 상징인 볕 양阳 자와
그림자의 상징인 그늘 음阴 자는
간체자로서 빠른 이해를 도와줍니다.

볕 양陽 자에서 일물一勿을 생략함으로써
간체자 양阳 자를 만들었고
그늘 음陰 자에서 그늘 음侌을
달 월月 자로 바꾼 것은 탁월한 선택입니다.

그늘 음陰 자에는 다양한 뜻이 들어있지요.
그늘, 응달, 음陰, 음기陰氣, 뒷면, 저승
그림자, 해그림자, 어둠, 암컷, 음각陰刻
흐르는 시간, 세월, 생식기, 음부, 가을과 겨울
신하, 두루밋과의 새, 두루미, 학, 가만히, 몰래
음침하다, 날이 흐리다, 그늘지다, 어둡다
희미하다 따위입니다.

나는 그동안 한 가지만 알았습니다.
빛과 그림자는 다른 것으로 알았습니다.
그런데 그게 아니었습니다.
빛 그 자체가 바로 그림자였습니다.
어둠이란 그림자가 아니라 빛그림자지요.
이는 나의 실험에서 나온 얘기입니다.

며칠 전 다실에 놓인 작은 거울에
입사각으로 아침 햇빛이 비추었고
그 빛은 다시 서재에 있는 냉장고 위에 모셔진
미륵보살반가사유상에 비추었습니다.
보살상의 머리에 비친 빛이
미륵보살상 발목까지 이동하는 데는
채 5분이 걸리지 않았습니다.

서재 전체에 빛이 들어오지 않습니다.
어둠까지는 아니더라도
거울에 입사각으로 비친 햇볕이
반사각으로 비추는 빛보다는 어둡습니다.
빛의 비춤 그대로가 빛그림자였습니다.
만일 빛이 비추지 않는다면
온통 어둠뿐일 터이니
거기에 빛과 그림자
밝음과 어둠은 존재하지 않습니다.

얘기가 옆으로 새고 있습니다.
이 빛과 그림자 밝음과 어둠에 관한 문제는
나중에 시간을 갖고 함께 풀고 싶습니다.
아무튼 치음寸陰이란 짧은 시간입니다.
햇빛이 입사각으로 거울에 비추고
그 빛이 반사하여 비추고 있는
반가사유상까지는 거리가 10m 안팎입니다.

이 짧은 거리에서 비추는 빛이
반가사유상 머리에서 발등까지 옮기는 데
30cm 자로 하나 반 거리입니다.

저우周시대 미터법으로 겨우 2자입니다.
치寸로 계산하면 20치인데
5분 이내니 1분에 4치가 옮겨간 셈입니다.

15초에 1치 꼴로 움직이는 빛의 그림자
이때는 '촌음寸陰'이라 읽지 않고
'치음寸陰'으로 읽는 게 맞는 것입니다만
다들 읽어온 관습의 법칙에 따라
그냥 '촌음'이라 읽어도 무방합니다.
15초에 1치 꼴이라! 얼마나 짧은 순간입니까?
이 짧은 순간도 한 자 되는 벽옥보다
훨씬 더 귀하고 소중하다고 보는 것이
바로 저우씽쓰 선생의 철학이고 사상입니다.



## 0239 옳을 시

옳을 시是/昰 자는 태양 일日 자에 바를 정正 자입니다.
벌건 대낮日은 공명정대正하다는 뜻입니다.

따라서 이 옳을 시是/昰 자는
'이것' '옳은 것' 외에 여기here, 무릇zgeneral
접속사 이에hereupon, 바르다, 바르게 하다
옳다고 인정하다, 바로잡다, 다스리다로 풀 수 있습니다.
영어로는 맞다, 정답이다, 옳음right 외에
이것This, 저것That 머잖아to-be의 뜻이기도 합니다.

'옳음'의 기준이 무엇이겠습니까.
옳음이라는 말 앞에는 비교급 그림씨가 놓이게 됩니다.
더 많은, 더 큰, 더 중요한, 더 높은처럼
비교급을 쓰는데 이게 무슨 뜻일까요.
인간은 끊임없이 남과 비교하고
'더'의 만족을 채우려 하기 때문입니다.

사회 통념상 도덕적으로 완전해야 하고
정확하고 틀림없고 확실해야 하며
의견과 행동과 판단이 알맞고
타당하고 마땅해야 합니다.
마음은 정상적이고
맑은 정신이며 건전해야 할 것입니다.

## 0240 다툴 경

# 競

생명의 역사는 다툼의 역사입니다.
남보다 더 높이 오르기昊 위해 다투고
같은 자리 하나 놓고
복불복福不福을 따지며兢 경쟁합니다.
네가 형兄이냐 내가 위立냐며
나이와 생일 놓고 논쟁竟하고
갑甲이냐 을乙이냐 위치奭 놓고 싸웁니다.

다툴 경競 외에도 같은 뜻을 지닌
'다툴 경'자가 더 있습니다.
첫째 다툴 경競이고
둘째 다툴 경竞이며
셋째 다툴 경竸입니다.

다툼의 시작은 대개 말싸움誩입니다.
사람이 죽고 사는 문제처럼
처음부터 큰 주제에서 시작하기보다

아무것도 아닌 데서 시작합니다.
눈 좀 크게 떴다奭고 시비하고
너무 자기를 낮춘다賏고 시비하며
너무 잘난 체絲 한다고 시비를 겁니다.
깨끗한 척梵은 혼자 다한다며 싸웁니다.

세면대 위에 놓인 치약을 왜 꼭 눕혀 놓느냐에서부터
치약을 짤 때 치약 튜브 밑에서 누르지 않고
튜브 중간에서 아무렇게 마구 누르느냐
왜 알뜰히 끝까지 짜지 않느냐로
번지고 번지고 계속 번집니다.

다툴 경競 자를 보고 있노라면
두 사람이 무엇인가를 머리에 이고
오른쪽에서 왼쪽으로 달려가는 모습입니다.
스포츠 경기를 하는 모습이지요.
심지어 우리는 노래방音에 가서
화면에 뜨는 점수儿 놓고 경쟁竟합니다.

경쟁이 있기에 발전이 있습니다.
사랑 싸움도 마찬가지로
평생 말 한마디 없이 지내는 부부보다는

가끔은 서로 자극을 줄 때
잠자고 있던 세포가 시나브로 깨어납니다.

그런데 우리가 치음寸陰을 놓고 다투는 것은
정말로 조심하지 않으면 안 됩니다.
시간 놓고 싸우는 게 아깝지 않나요?
치음寸陰은 짧은 시간이라 했습니다.
하지만 본디 시간에 길고 짧음은 없습니다.
시간은 공간과 마찬가지로 그냥 통째입니다.
통째인 시간을 놓고 다투기보다
그냥 통째 누리고 쓰는 게 현명합니다.

<061>

## 자資부父사事군君
## 왈曰엄嚴여與경敬

0241 **자뢰 자**資

0242 **아비 부**父

0243 **섬길 사**事

0244 **임금 군**君

**부모에게 효도하듯 임금섬기되**
엄정하며 다시다못 삼갈것이요

## 0241 자뢰 자

움직씨 '자뢰하다'는 어디서 온 말일까요?

이름씨 자뢰資賴에서 온 말로 밑천입니다.

밑천이란 말이 순수 우리말이라면

종잣돈은 씨앗을 뜻하는 한자어에서 가져온 종자에

우리말 돈을 붙인 것입니다.

'밑천'이 이해하기가 쉽겠군요.

밑천에도 말밑천이 있고, 주머니밑천이 있으며

몸밑천이 있고, 한밑천이 있습니다.

'남자가 가진 게 밑천뿐'이라 하면

이는 남자 성기를 속되게 이르는 말입니다.

밑천과 관련된 속담이 있는데 보실까요?

첫딸은 세간 밑천이다

소매가 길면 춤을 잘 추고 밑천이 많으면 장사를 잘한다

횃대 밑에 더벅머리 셋 되기 전에 벌어라

사내는 뒷간 갈 때도 돈 열 냥은 넣고 간다
문어 제 다리 뜯어먹는 격이다
밑알을 넣어야 알을 내어 먹는다

영어로는 베이스Base며, 베이시스Basis/Bases입니다.
사람은 누구나 몸의 건강을 유지하기 위해
섭취해야 할 5대 영양소가 있습니다.
첫째는 탄수화물炭水化物Carbohydrate이고
둘째는 단백질蛋白質Protein이며
셋째는 지방脂肪Fat이고
넷째는 비타민維他命Vitamin이며
다섯째는 무기질無機質Minerals입니다.

통일신라 해동화엄종의 종조 의상 큰스님(625~702)은
그의 박사 학위 그래픽 논문 해인도海印圖
일명《화엄일승법계도華嚴一乘法界圖》의
요약문으로 쓴《법성게法性偈》에서
다음과 같이 자량資糧을 노래하고 있습니다.

그러므로 수행자가 본고향에 가려거든
망상일랑 쉬지않곤 아무것도 못얻으리
조건없는 선교방편 생각대로 가져다가

집에갈제 분수따라 먹을양식 삼을지라
시고행자환본제是故行者還本際
파식망상필부득叵息妄想必不得
무연선교착여의無緣善巧捉如意
귀가수분득자량歸家隨分得資糧
동봉의 사언절 옮긴 《우리말법요집》(운주사) 130쪽
《동봉스님의 62권째 저서 '꽃으로 꾸민華嚴 세계-법성게'》
(도서출판 도반 2018.12.22.발행) 551쪽~621쪽

수행자가 성불하기까지
단 하루 단 한때도 걸러서는 안 되는
소중한 정신의 양식이 몇 가지가 있습니다.
이는 꼭 출가한 수행자만이 아니라
재가불자들도 필히 섭취해야 할 영양소입니다.
몸이 5대 영양소를 골고루 섭취해야
몸 건강의 균형을 유지해 가듯이
마음의 양식도 골고루 섭취하는 게 좋습니다.

첫째는 한마음一心이고
둘째는 두 개의 문二門이며
셋째는 세 가지 큼三大이고
넷째는 네 가지 믿음四信이고

끝으로 다섯 가지 보살행五行입니다.

마명보살(서기80~160) 《대승기신론》의 골자이지요.

대승의 논서 중에서 이 기신론보다

앞서가는 논문은 아직까지는 없었습니다.

이 다섯 가지 정신의 영양소를

늘 몸과 마음으로 섭취하고 소화하고

이를 실생활에 실참실구한다면

깨달음으로 가는 길은 환하게 열립니다.

## 0242 아비 부

아비는 어미와 마찬가지로 옛말입니다.

물론 요즘도 많이 쓰는 말이지요.

아비와 아버지 어미와 어머니는

부르는 사람이 누구냐에 따라 다를 뿐입니다.

장인 장모가 사위를 부를 때

오빠가 여동생의 남편을 부를 때

손윗동서가 손아랫동서를 부를 때
지금도 성姓 뒤에 꼭 서방書房을 붙입니다.

마찬가지로 결혼한 자식 내외를 두고
아들에게는 '애비야' 또는 '아범아'로 부르고
며느리에게는 '에미야' '어멈아' 등으로 부릅니다.
남에게 남편을 소개할 때도
'아범입니다' '애비입니다'라고 하지요.
자기 아내를 남에게 소개할 때도
'어멈입니다' '에미입니다'로 하지요.
애비, 에미, 아범, 어멈이 비속어가 아닙니다.

아비 부父 자는 어미 모母를 포함합니다.
자식을 덮어주는 그늘八이 있고
그늘 아래서 끊임없이 교류乂하는 모습을
아비 부父 자 한 글자에 담고 있습니다.
18세기 중국 어문학의 거장을 들라 하면
나는 주저하지 않고 뚜안段 선생을 소개합니다.
뚜안위차이段玉裁(1735~1815) 선생은
왕니엔쑨王念孫(1744~1832) 선생으로 더불어
중국 어문학과 고증학을 이끌어온 산 증인입니다.

한때 여론조작으로 도마에 오르기도 한
미국의 정치운동가 철학자가 있습니다.
아나키스트며 언어학자이기도 한
에이브럼 노엄 촘스키(1928~ ) 박사입니다.
그는 《변형생성문법》의 이론을 세우고
영어의 음성체계를 제대로 정립하였으나
내 생각에 중국의 뚜안위차이에는 견줄 수 없습니다.

나는 촘스키 박사의 《변형생성문법》을 놓고
찬사를 아끼지 않은 적도 있었지만
뚜안위차이 선생의 학문세계를 접하면서
감탄의 방향이 순식간瞬息間에 바뀌고 말았습니다.
한문학을 하려면 뚜안을 알아야 합니다.
누구도 뚜안을 뛰어넘지 않고는
결코 한문학을 했다고 자평할 수 없습니다.

뚜안선생은 설명합니다.
"아비 부父 자는 갑골문자형이다.
오른손에 회초리를 든 모습을 본떴다.
아버지는 손에 회초리를 들고
자녀가 법도를 지키도록 가르친다.
이는 집안의 어른이면서 동시에 부친이다.

가장으로 스승으로 가르치는 사람이다."

이 아비 부父에 앞서 자뢰 자資도 뚜안은 설명합니다.
"재산貝 형성은 시간을 요한다.
하루 아침에 재산이 모이는 게 아니다.
그래서 버금 차次를 따른다."
버금 차次 자와 재물 패貝 자의 만남
이들은 갖가지 매직magic쇼를 마음껏 펼칩니다.

### 0243 섬길 사

섬길 사事 자는 일 사事 자로 풀기도 합니다.
목적어가 생명을 지닌 사람이거나
나이와 지위가 연장자거나 높거나 할 때
'섬길 사' '모실 사' 따위로 새깁니다.
그 밖에는 다 '일[할] 사'로 바꾸었습니다.
일 사事 자를 살펴보면 기록聿하는 공무원吏입니다.
일반 직장도 마찬가지이지만 특히 행정부 산하에서

나랏일을 하는 이는 그 기록이 바르고 중용亅이어야 합니다.

공무원은 대통령을 모시事고 국민을 섬기는事 이들입니다.
요즘은 '섬김'이 기독교 용어로 자리잡아갑니다.
민주주의 국가가 세워지면서 어디에서도
대통령을 섬긴다는 말은 자취를 감추고 말았습니다.
그런데 주님, 하나님을 모시는 것처럼
시민을 섬기고 이웃을 섬긴다는 괜찮은 취지는
열 번 백 번을 생각하더라도 신선합니다.

## 0244 임금 군

# 君

임금은 법도尹를 선포口하는 자입니다.
오늘날과 같은 민주주의 국가에서는
대통령과 정부가 국민들을 위해
비록 좋은 정책을 내놓는다고 하더라도
의회 민주주의의 입법의원/곧 국회의원들이
발목을 잡고 일을 처리하지 않는다면

몇 달이고 몇 년이고 잠만 자고 있습니다.
그러니 법도를 공포하는 이가
왕이고 수상이고 대통령이 못됩니다.

국민, 국민, 국민을 위한 정치라는 말을
선거 때는 어깨띠를 두르고 깃발로 내세웁니다.
백그라운드background를 온통 국민으로 도배하고
명함에도 "오직 국민"이라고 새겨
유권자들에게 나누어 주며 유혹하고 있습니다.
그러나 이들이 정작 국민을 위해 법을 제정하는 일은
오불관언吾不關焉으로 일관합니다.

앞에서 정신의 영양소를 얘기하면서
졸가리만 들었을 뿐이었는데 여기서 말씀드리겠습니다.
일심一心은 그대로 한마음입니다.
수행修行은 글자 그대로 닦고 행함입니다.
무엇을 닦고 무엇을 행할까요?
마음, 그렇습니다. 한마음입니다
한마음 버려두고 수행을 할 수는 없지요.

이문二門은 두 개의 문입니다.
늘 지송하는 《반야심경》의 말씀처럼

생하지도 않고 멸하지도 않으며
더럽지도 않고 깨끗하지도 않으며
늘지도 않고 줄지도 않는 게 진여문眞如門이라면
생멸문은 생하기도 하고 멸하기도 하며
혹은 더럽기도 하고 혹은 깨끗하기도 하며
늘어나기도 줄어들기도 하는 게 생멸문生滅門입니다.

삼대三大는 본질體과 모양相과 쓰임새用지요
곧 체대體大 상대相大 용대用大입니다.
우리의 마음만이 아니라
이 세상 온갖 사물은 세 가지 큼입니다.
저 드넓은 우주와 별들로부터
흙과 공기 속 미생물에 이르기까지
모든 생물들과 모든 무생물들이
본질과 모양새와 쓰임새를 지닙니다.

사신四信은 네 가지 믿음입니다.
정각을 이루신 부처님을 믿고
부처님께서 설하신 가르침을 믿고
이를 닦고 실천해가는 스님네를 믿고
자기의 주인공 진여를 믿음이
곧 네 가지 믿음입니다.

오행五行은 바라밀의 행입니다.
베풀고 나누는 보시행布施行
법도法度를 지키는 지계행持戒行
어떤 욕됨도 참는 인욕행忍辱行
끊임없이 닦는 정진행精進行
선정 지혜를 함께 닦는 지관행止觀行입니다.

몸과 마음을 닦는 데 필요불가결必要不可缺한
이들 다섯 가지 5대 영양소는 대지와 같고 허공과 같아
단 한 순간도 곁을 떠날 수는 없습니다.
잠깐, 뭐라고 말씀하셨습니까?
대지를 떠나서도 살 수가 있다고요?
허공을 떠나 산소 없이 살 수 있다고요?

<062>

자資부父사事군君

왈曰엄嚴여與경敬

0245 가로 왈曰

0246 엄할 엄嚴

0247 더불 여與

0248 공경 경敬

부모에게 효도하듯 임금섬기되

엄정하며 다시다못 삼갈것이요

이렇게 토막으로 된 글을 보노라면
구슬이 서 말이어도 꿰어야 보배라는 말이
실감날 수밖에 없습니다.
토막글이 아닌 전체적인 연결은
나의 《사사오송천자문》에서 해드립니다.

## 0245 가로 왈

아는 젊은이 수좌가 예를 갖추고 물었습니다.
"큰스님. 궁금한 게 있는데요?"
상대 찻잔에 차를 따르면서 답했습니다.
"궁금한 거? 어서 얘기해 보게."
"네, 큰스님, 가로 왈曰의 '가로'가 무슨 뜻입니까?"
내가 되물었습니다.
"자네 생각은 무슨 뜻일 것 같애?"
"네, 큰스님. 맹자왈孟子曰 공자왈孔子曰 하듯이
어떤 말씀의 뜻이 담겨 있지 않겠습니까?"
내가 웃으면서 답을 했지요.

“자네, 이미 답을 알고 있으면서 물었구먼.”

젊은이가 머리를 긁적이며 안도하는 표정을 지었습니다.
내가 되물었습니다.
“자네. 혹 다른 뜻은 생각해보지 않았고?”
젊은이가 생각에 잠기는 듯하더니
“네, 큰스님. 제 생각이 맞는지 모르겠습니다.”
“그래? 그럼 한번 들어 보세.”
“네, 큰스님. 가로 왈曰의 ‘가로’는
‘가로橫’ ‘세로竪’ 할 때의 가로이기도 합니다.”

내가 흡족해하며 젊은이 손을 잡았습니다.
“제대로 알았네. 그래, 그 밖에는 더 없고?”
젊은이의 눈동자가 커졌습니다.
그의 홍채가 화려하게 반짝였습니다.
나는 아직 사람의 눈동자도 아니고
홍채가 그렇게 빛날 수 있음에 놀랐습니다.
그가 신이 나서 말했습니다.

“네, 큰스님. 다문 입술 모양입니다.”
“다문 입술 모양이라고, 그건 무슨 뜻인가?”
“네, 큰스님. 입 구口 자가 입이라면

가운데 가로 그은 한 일一 자는 입술이 맞닿음이지요."
"잘 보았네, 젊은이. 그런데~"
"네, 큰스님. 그런데요?"
"자네 논리대로라면 썬 일日 자도
입 구口 자 안에 가로로 긋지 않았나?"

젊은이가 고개를 갸웃하더니 이에 되물어왔습니다.
"큰스님, '썬 일'자요? 어떻게 쓰는데요?"
내가 일日 자를 써서 보여주었더니
젊은이가 웃으며 말했습니다.
"큰스님, 깜짝 놀랐습니다.
이는 '썬 일日' 자 아니라 '날 일日' 자입니다."
"그랬는가? 나는 영어 썬sun을 생각했지."



날 일日 자와 가로 왈曰 자는 모양새로 구분이 됩니다.
하나는 세로로 길고 하나는 가로로 길지요.
나는 머리가 둔해서 그런지 모르겠으나
일日 자와 왈曰 자를 같이 바라봅니다.
구약舊約 창세기創世記에 '말씀'이 등장합니다.

"하나님이 가라사대 '빛이 있으라' 하시매 빛이 있었고"
이 한마디에 담긴 의미를 생각하면

누워 있다가도 벌떡 일어납니다.
하나님 말씀曰은 빛日보다 선행합니다.
하나님 말씀은 빛과 어둠보다, 낮과 밤보다
물과 푸른 하늘穹蒼azure sky보다
물水water과 뭍陸地land보다
하늘과 땅 사이 어떤 것보다 선행합니다.

하나님 말씀曰을 섬길 수밖에요.
에너지의 바탕인 태양日이 소중할 수밖에
가로 왈曰자 한 글자에 담긴
소중한 의미를 새길만 하지 않습니까?
부처님 말씀이 삼보三寶 중 법보法寶입니다.
불법승佛法僧을 가로로 써 놓든
불佛 법法 승僧을 세로로 써 놓든 간에
중심中心에 들어가는 것은 말씀法dharma입니다.

부처님과 부처님 가르침과 큰스님네가
다 같이 소중한 것은 맞지만
중심이 되는 것은 가르침입니다.
하나님과 말씀과 전해가는 이들이
한결같이 고귀한 것이지만
성경 말씀이 중심이 되어야 합니다.

여말선초 문신이자 학자였던
삼봉 정도전鄭道傳(1342~1398)선생이
유교의 주자학을 정치이념으로 내세우면서
19장章으로 된 글 《불씨잡변佛氏雜辨》을 썼습니다.
그리고 별 볼 일 없는 그 책을 통해
부처님과 불교 교리를 호도糊塗했습니다.
호도糊塗라는 말은 아시지요?
풀칠할 호糊에 바를 도塗 자로서
풀을 칠하듯 벽을 바른다는 뜻입니다.

나는 이미 40년 전 해인사 시절에
삼봉 정도전의 《佛氏雜辨》을 접하고 나서
이런 엉터리 중 엉터리 책을 대항하지 못했던
당시의 불교계의 무지를 원망했습니다.
불교를 마종魔宗이라고까지 혹평한
삼봉 전도전의 이 책은 19챕터로 되어 있습니다.

1976년 여름, 나는 해인승가대학
사미과 학인이었는데
제18기 선배 스님 세 분을 비롯하여
제19기 선배 스님 두 분과 함께
여섯 명이 《佛氏雜辨》 스터디를 진행했습니다.

그때 선배 스님들은 이 책을
최고의 책이라 극찬하기도 했는데
나는 끝까지 잘못된 점들을 찾아냈습니다.

매일 한 챕터씩 3주간 스터디를 이어가면서
중간에 모임에서 나간 스님보다
스터디 그룹에 들어온 스님들이 더 많아
나름대로 꽤들 보람이 있어 했습니다.
아무튼 이 책은 매 장마다
불교를 말살시키기 위한 내용이었지요.

보기 좋은 벽지로 슬쩍 발라놓는다 해서
그 이면에서 풍겨나오는
저자의 폐불廢佛 냄새마저 지울 수는 없습니다.
불교의 가르침을 이어가는 수행자들의 행동양식이
삼봉의 지적보다
고려조에서는 더 썩은 곳도 있었을 것입니다.
아무리 감싸려 해도 잘못은 잘못이니까요.

역사의 수레바퀴는 권력 집단의 생각대로 굴러갑니다.
조선조에서 내세운 정치 이데올로기가
쭈즈쉬에朱子學였다면

쭈즈쉬에 이외는 쓰레기로 취급되어 버려질 수밖에요
이를테면 수행자의 부도덕을 나무랄지언정
부처님과 불교 교리마저 짓밟는 것은
한 시대의 지성인으로서는 옳지 않습니다.

나는 요즘 종교계의 배타성에 대해
심각한 우려를 금할 수 없습니다.
남의 종교를 비방할 때
최소한 지켜야 할 도덕의 기준이 있습니다.
"석가모니는 태어나지 말았어야~"라든가
"예수의 부활을 믿을 수 있나." 등처럼
건드리지 말아야 할 것까지 건드리는 것은
마치 대통령의 이름을 들먹이면서까지
협박을 일삼는 거나 다름이 없습니다.

창세기의 "하나님이 가라사대~"를
순수한 마음으로 읽으면서
거기서 과학적인 모순을 찾기보다는
종교적인 면을 이끌어낼 수만 있다면
실로 얼마나 아름다운 가르침입니까.

## 0246 엄할 엄

# 嚴

보기만 해도 엄중해 보이지 않습니까?
엄한, 용서 없는, 신랄한, 가혹한 등의 뜻이며
진지한, 맹렬한, 엄정한, 까다로움입니다.
준엄하고 단호하며 남성적이지요.
또한 엄밀하고 면밀하며
팽팽하고 긴장되며 엄격합니다.

엄할 엄嚴 자 위에 있는 두 개의 입口은
첫째 먹고 마시는 기능이며
둘째 말하고 침묵하는 기능입니다.
엄嚴에는 임금이 거동할 때
또는 군사를 일으킬 때
궁중에서는 세 번에 걸쳐 북을 쳐 알리는데
초엄初嚴 이엄二嚴 삼엄三嚴이라 했고
임금과 아버지와 스승을 삼엄이라 했는데
모두 엄숙하게 대해야 할 분이란 뜻이지요.

엄嚴은 모음이 험險과 같아 험준함이며
뫼 산山이 생략된 바위 암巖이기에
쉽게 움직이지 않는 듬직함입니다.
아버지와 스승에게 이러함이 있다면
이를 바탕으로 군주를 모실 일입니다.
비록 민주주의 국가라 하더라도
사람이 사는 데는 위계가 있고
질서가 있기 마련입니다.

엄할 엄嚴 자의 두 입의 이미지는
먹을 때 먹고 마실 때 마시며
말할 때 말하고 침묵할 때 침묵함입니다.
또한 두 입의 이미지는
가르치는 자와 배우는 자의 뜻이고
위ㅡ로부터 아래ㅡ로 명이 내리ㅣ면
듣고耳 분부대로 움직이게吅攵 하는
어떤 질서의 엄격함이 깃들어 있습니다.

## 0247 더불 여

# 與 与

보통 '더불 여' '줄 여'로 새깁니다.
이 '여與'의 다른 개념이 '야野'입니다.
절구 구臼 부수에 들어있는데
절구 구臼 자는 절구이기도 하지만
두 손으로 물건을 받쳐 든 모양입니다.
어떤 것을 받쳐 들었을까요?
반듯한 소반一 위에 잔勺을 부어
소중한 이에게 건네는 모습与입니다.

그러기에 '주다'의 뜻도 있지만
구臼 자가 두 손을 공손히 모은 모양인데
여기에서 '두 손'의 의미를 가져와
함께 손잡음으로 도출시켰지요.
따라서 '함께' '더불어'로 새기게 되었습니다.
줌, 베풂, 나눔의 뜻도 지니고 있습니다.

## 0248 공경 경

# 敬

부수는 등글월문攵에 들어 있으며
진실로 구苟 자에 간절함이 곁들여 있습니다.
이 밖에 공경, 예절, 공손, 흠모 등과
몸가짐과 말을 조심하다, 정중하다, 잡도리하다,
예의가 바르다 따위가 있습니다.

붙임말着語
"나는 내게 엄숙한가?"
"나는 나를 공경하는가?"

<063>

## 효孝당當갈竭력力

## 충忠칙則진盡명命

0249 **효도 효**孝

0250 **마땅 당**當

0251 **다할 갈**竭

0252 **힘 력**力

효도함에 모름지기 힘을다하고

충성함에 그목숨을 던질지니라

## 0249 효도 효

유교에 《효경孝經》이 있다면
불교에는 《은중경恩重經》이 있습니다.
효경이 아버지의 효를 강조했다면
은중경은 어머니의 효를 내세웁니다.
효경은 진위眞僞의 설과 무관하지만
은중경은 중국에서 편찬된 위경僞經입니다.
위경이란 서가모니 부처님께서
몸소 설하신 경이 아니라
후대에 필요에 의해 편찬된 경입니다.

〈은중경〉은 〈부모은중경〉의 약칭이며
〈불설대보부모은중경〉으로
〈대보부모은중경〉으로도 불립니다.
이 〈부모은중경〉 가운데
중송분重頌分만 뽑아 소개합니다.
중송분이란 앞의 내용을 간추려
게송頌으로 다시重 읊었다는 뜻입니다.

참고로 이《 부모은중경》 중송분은
2007년 8월 중순에
사언절四言節로 옮겨 펴냈던
나의《부모은중경》에서 가져왔습니다.

※사언절부모은중경※

중송분01
어머니의 크신은혜 첫번째로 말한다면
아기배어 배냇속에 품어주신 은혜이니

여러겁을 내려오며 핏줄인연 깊고깊어
이번생에 다시와서 모태내에 의탁했네
개월수가 차가면서 오장육부 생겨나고
여섯달째 되어가니 불편하신 거동이라

불룩솟은 아랫배가 남산보다 더했도다
움직이는 그때마다 찬바람이 겁이나니
고운옷도 생각없어 입어본적 언제련가
머리맡의 거울에는 먼지만이 쌓여가네

중송분02

어머니의 크신은혜 두번째로 말한다면
새생명을 낳으실때 가진고통 견딤이라

배냇속에 아기배어 열달펴뜩 다가오니
순산날이 언제일까 손꼽아서 기다리네
하루하루 기운없어 큰병든이 다름없고
어제오늘 시시각각 정신또한 흐리도다

엄습하는 두려움을 그무엇에 견주리까
근심섞인 눈물만이 작은가슴 가득하네
슬픔고인 눈빛으로 친척에게 말하기를
행여라도 죽게될까 그를염려 함이로다

중송분03

어머니의 크신은혜 세번째로 말한다면
아기낳고 한숨돌려 시름잊은 은혜이니

어여쁘신 어머니여 이내몸을 낳으실때
오장육부 찢기는듯 연한살을 에이는듯
정신마저 혼미하고 팔다리가 무거워라
흘리신피 너무많아 그모습이 창백하다

갓난아기 건강하다 위로말씀 들으시며
반갑고도 기쁜마음 견줄바가 없지마는
기쁨잠시 지난뒤엔 찢는고통 다시나며
허전하고 아린마음 여린몸에 사무치네

중송분04
어머니의 크신은혜 네번째로 말한다면
맛없는건 삼키시고 맛있는건 주심이라

어머니의 깊은은혜 저바다에 비기리까
아끼시고 사랑하심 길이길이 변치않네
맛있는건 모두모아 아기에게 먹이시고
맛없는건 드시면서 밝은표정 지으시네

사랑함이 깊으시니 아기위함 밤낮없고
은혜로움 높으시나 걱정근심 몇곱인가
어머니의 일편단심 아기배를 불림이니
며칠내내 굶으신들 그를어찌 마다하리

중송분05
어머니의 크신은혜 다섯째로 말한다면
마른데는 아기뉘고 젖은데에 드옵시네

어머니의 당신몸은 골백번을 젖더라도
당신아기 어느때나 마른데에 뉘시어라
양쪽젖을 번갈아서 아기배를 불리시되
찬바람을 쐬일새라 소매로서 가리시네

어린아기 돌보시랴 편히쉬실 사이있나
둥개둥개 도리도리 안아주고 달래시니
아기만일 편하다면 무엇인들 사양하며
어머니의 지친몸이 지나친들 어떠하리

중송분06
어버이의 크신은혜 여섯째로 말한다면
젖먹이고 품에안아 길러주신 은혜이니

어머니의 크신은혜 대지에다 견주리까
아버지의 높은은혜 하늘에다 비기리까
높고크신 부모은공 천지와도 같사오니
제자식을 사랑하는 부모마음 한가지라

눈과코가 장애라도 미운곳이 하나없고
손과발이 불편해도 싫은마음 전혀없네
배아파서 낳은자식 부족한들 어떠하리

하루종일 사랑해도 지극정성 끝없어라

중송분07

어머니의 크신은혜 일곱째로 말한다면
기저귀며 때묻은옷 갈아주고 빠심이라

지난날의 고운얼굴 꽃보다도 화사했고
백옥같이 아름답고 솜털처럼 부드러워
어여쁘게 그린눈썹 버들잎이 부끄럽고
양쪽볼의 보조개는 연꽃마저 수줍어라

은혜더욱 깊을수록 곱던얼굴 여위시고
기저귀를 빠시느라 손과발이 거치시네
아들딸을 가르치랴 고생또한 극심하여
연꽃같이 고운피부 주름살이 잡히셨네

중송분08

어버이의 크신은혜 여덟째로 말한다면
멀리떠난 자식걱정 서성이는 은혜시니

죽은뒤의 이별이야 그고통이 크지마는
살아생전 이별함은 애간장을 저미누나

자식만일 집을떠나 머나먼길 가게되면
부모님의 걱정근심 그자식을 따라가네
여린마음 밤낮으로 자식만을 생각하여
두눈에서 흘린눈물 천줄기요 만줄기라
원숭이의 자식사랑 오장육부 도려내듯
어버이의 자식사랑 그보다도 더하여라

중송분09
어버이의 크신은혜 아홉째로 말한다면
자식들을 위해서는 나쁜일도 자진하니

바다처럼 망망해라 무엇으로 비길손가
태산보다 아득해라 어떻게다 갚사오리
자식들의 온갖고생 대신하기 소원이요
자식만약 괴로우면 부모마음 편치않네

아들딸이 길을떠나 머나먼길 가게될때
밤이되면 추울세라 낮이되면 주릴세라
아들딸이 잠시라도 기한고를 받게되면
어버이의 근심걱정 한시각이 삼추로다

중송분10

어버이의 크신은혜 열번째로 말한다면
그의생명 다하도록 베푸시는 사랑이니
낳으시고 기르시고 가르친정 어떠한가
자식들을 생각하심 잠깐인들 쉬오리까
서있거나 앉았거나 그마음은 따라가고
머나또는 가까우나 그사랑은 같을세라

나이드신 어버이는 골백살이 될지라도
팔십줄의 아들딸을 걱정으로 밤을새네
어버이의 깊은은공 과연언제 그칠런지
귀한목숨 스러지면 그때에야 다할런가

효도 효孝 자는 부수가 아들 자子입니다.
늙을 노耂 자에서 보느냐 아들 자子에서 보느냐에 따라
생각의 기울기가 다르고 생각의 높낮이가 다르고
생각의 깊이와 두께와 굵기가 다릅니다.

보통은 부수인 자子의 입장에서 해석하기에
'치효도 내리사랑'이라 생각합니다.
그러나 한문의 문자 개념에서 보면
'내리효 치사랑'도 얼마든 가능하지요.

효孝란 어르신耂이 위에 계시며
젊은이子들을 보살피고 젊은이들은 아래에 처하면서
윗 어르신들을 모시는 것이 효입니다.
따라서 효孝는 노소동락老少同樂입니다.
서로 가르치고 서로 존중하며 서로 이끌고 밀어주며
사랑하면서 함께 걸어감이 효孝입니다.
핏줄로 이어가는 자녀이기 때문에
나이가 적은 아랫사람이기에
싱싱하고 풋풋한 젊은이들이기에
반드시 어버이를 모셔야 하고
어르신들을 받들어야 한다고 강요함이
결코 효孝가 아니라는 것이지요.



효孝는 무거운 것도 버거운 것도 아닙니다.
효孝는 그냥 가장 인간적 사랑입니다.
강제성이 아니라 자연적으로 이루어지는 효孝의 세계
일방적인 모심이 아니라
서로서로 자연스레 오가는 사랑
이것이 내가 보는 효의 개념입니다.
따라서 효孝에 일방통행이란 없습니다.

## 0250 마땅 당

밭 전田 자가 부수이고
오히려/숭상할 상尙은 소릿값입니다.
좋은 땅田을 보고 가치가 있다는 뜻으로
'마땅하다' '비기다'라고 풉니다.
상尙은 높은 창문向에서
연기가 솟아오르는小 것을 보면서
"아! 누가 있군"하고 짐작했는데
그게 맞아떨어지자 '맞다'의 뜻을 지닙니다.

## 0251 다할 갈

"사흘 굶어 도둑질 아니할 놈 없다"고
만약 쌀勹이 떨어지게匕 되면
그냥 앉아서 빌曷 수는 없는 노릇입니다.
일어나서立 사정曰하는 것입니다.
먹지 못하면 삶을 보장할 수 없습니다.
온갖 수단과 방법을 다할竭 수밖에요.
여기서 다할 갈竭 자가 생겨났습니다.

## 0252 힘 력

# 力

힘 력力 자는 상형문자로서 간단합니다.
복잡해보았자 2획밖에 안 되니까요.
팔丁에 힘을 불끈丿 주었을 때
근육이 불거진 모양力입니다.
농기구로는 가래에 해당하기에
나중에 '힘쓰다'의 뜻으로 바뀌게 됩니다.

효孝는 설렁설렁하는 게 아니지만
죽을 힘을 다하는 것도 아닙니다.
저우씽쓰 선생은 그의 《천자문千字文》에서
"효도는 마땅히 힘을 다하라" 하지만
효는 사랑이 바탕이니만치
죽을 힘을 다하는 것도 아니지만
대충대충할 수도 없습니다.

최선을 다하는 것입니다.
효孝를 생각하니까

문득 제불통게諸佛通偈가 생각납니다.

어떠한 악이든 짓지 말고
뭇 선은 받들어 행하라.
스스로 그 마음을 맑힘이
이것이 부처님 가르침이다.

<064>

효孝당當갈竭력力

충忠칙則진盡명命

0253 **충성 충**忠

0254 **법칙 칙**則

0255 **다할 진**盡

0256 **목숨 명**命



효도함에 모름지기 힘을다하고

충성함에 그목숨을 던질지니라

## 0253 충성 충

충성忠誠이란 과연 어떤 개념일까요.
충忠은 마음心의 중심中입니다.
중심이란 언어口가 중심 | 을 잡음中입니다.
보수에도 진보에도 치우치지 않고
좌左에도 우右에도 기울지 않는
중용中庸을 잘 지키는 마음입니다.

한때 위안부 소녀상 문제와 관련하여
얼마나 많은 정치인들이
항일과 극일의 의지를 드러냈습니까?
나는 뉴스를 통해 어떤 뜨거움을 느꼈지요.
'아, 장한 마음들이구나!'하고
그 후 나눔의 집에 계시던 할머니가
세상을 뜨셨을 때는
정작 몇이나 빈소를 찾았습니까?

나는 내 가슴이 참 많이도 허虛했습니다.

소녀상 앞에서 기자들 앞에서 카메라 앞에서는
드러눕기까지 하던 정치인들
말깨나 하던 언론인들 다 어디로 갔습니까
어찌하여 카메라 앞에서는
그토록 분노하며 난리를 떨더니
할머니의 죽음이 소녀상보다 못한 것입니까?

사람의 생명에는 한계가 있습니다.
나이가 드시면 드실수록
죽음과 가까워지는 것은 자명한 이치지요.
내가 그 할머니와 관련된 이야기를 했을 때
나이 드신 분 돌아가시는 것은 다반사라
그게 뭐 뉴스거리나 되겠냐며
시큰둥하게 여기던 어느 정객의 말이
내 귓전에 아직 생생합니다.

천안함 폭침 사건으로
우리의 고귀한 젊은 생명들이 희생당했을 때
끝까지 남측의 조작이라 주장하던
이른바 깨어있는 학자들
그들 주검 앞에 조화 한 송이 올렸습니까?
그렇게 주장하던 이들이

아무도 없는 빈 방에 홀로 앉아서도
같은 주장을 하고 있는지는 모르겠습니다.

유병언 장학생 리스트에 오른 이들
세월호 참사와 관련하여
희생된 우리 꽃다운 고귀한 생명들에게
충忠의 마음을 다하기야 했겠지요.
그러면서 진앙의 진원지였던 유병언이
이 지구상에서 영원히 사라지기를
은근히 바랐을지도 모릅니다.

언어란 생각을 바탕으로 생겨납니다.
생각 없는 언어는 공허합니다.
마음心을 밑바탕으로 하여
한 가운데中 우뚝 솟은 정체성이 충忠이며
이 충忠이 마음의 세계라면
성誠은 말言이 이루어짐成입니다.
사람亻의 말言은 믿음信이지요.
이미 말言했다면 그 말대로
결과가 이루어지게成 함이 성誠입니다.
따라서 충성의 충도 중요하지만
충성의 성도 소홀하게 할 게 아닙니다.

한문에서는 같은 글자를 두고도
어떻게 놓이느냐에 따라 뜻이 달라집니다.
이는 마치 양자量子Quantum의 세계가
어느 위치에 있느냐에 따라
에너지의 값이 달라지는 것과 같습니다.
보통 2+3에 5라는 답이 나온다면
3+2도 5라는 답이 나올 것이고
3×2가 6이라면 2×3도 6이라는 답이 나와야 맞습니다.
그런데 양자의 세계는 그렇지가 않습니다.

전혀 그럴 것 같지 않은 한문에도
이런 법칙이 더러 적용되는 게 있습니다.
마음 심心 자가 아래에 있고
그 위에 가운데 중中 자가 놓이면
이는 충성 충忠 자로서
흔들림이 없는 굳건한 의지의 표현입니다.
하지만 마음 심忄 자와 가운데 중中 자가
수직이 아닌 수평으로 놓일 때
이때는 흔들리는 마음을 나타내는
근심할/번민할/걱정할 충忡 자가 됩니다.
커피나 홍차잔처럼 손잡이가 있는 찻잔은
잔의 손잡이가 어떻게 놓이느냐에 따라

왼손으로 잔을 들 수도 있고
오른손으로 잔을 들 수도 있습니다.
아니면 잔이 어떻게 놓여 있든
손잡이를 돌려 원하는 손으로 들 수도 있지요.

그러나 녹찻잔을 비롯하여
우리 문화의 찻잔들은 손잡이가 없습니다.
손잡이가 없다는 것은 격식에서 벗어남인데
격식을 벗어난 다도구를 놓고
텅 빈 격식, 없는 격식에서
새로운 격식을 만들어감이
바로 우리나라 중국 일본의 차문화입니다.

손잡이가 없는 찻잔은
어느 방향에서 보더라도 중심입니다.
그 글자가 '빌 충盅' 자입니다
빈 잔, 작은 잔, 손잡이가 없는 잔을 뜻하는
빌 충盅 자는 잔皿은 잔이로되
어느 방향에서 보더라도
가운데中로 보인다 해서 생긴 글자입니다.
나는 기능면에서는 거의 제로입니다.
하여 벽이나 나무에 못을 박을 때도

삐딱하게 박히거나 못이 휘거나
시멘트벽이 부서지면서 못이 튕겨나갑니다.
50년 넘게 목수로서 살아오신
내 속가의 중씨仲氏 지안 거사님이
못을 제대로 박는 원리를 얘기하셨지요.

“못은 처음부터 반듯하고 단단히 잡고
 망치로 못의 대가리를 내려칠 때
 정중앙에서 정확히 쳐야 한다”는 것입니다.
구멍 혈穴 자와 가운데 중中 자가 만나
구멍 뚫을 충𥤮자가 되었는데요.
이 하나의 글자 속에도
이처럼 물리학의 세계가 담겨 있습니다.
하물며 마음의 중심이 되는 충忠이겠습니까.

## 0254 법칙 칙

# 則

주중불어진군자酒中不語眞君子
재상분명대장부財上分明大丈夫
취중에 실언을 하지 않으니 참된 군자요.
돈거래에서 명확한 자는 대장부로다.
출처 :《명심보감明心寶鑑》〈정기편正己篇〉

감투를 비롯하여 재물 앞에서
사람의 마음이 움직이는 것은
먹이 앞의 동물처럼 당연할 수 있습니다.
그렇기 때문에 법도法道가 필요하고
법도法度도 있어야 하고
법도法刂가 반드시 있어야 합니다.
재물貝 분배 원칙刂의 칼날인 셈이지요.

또한 부정하게 착취한 재산貝은
법의 칼刂로 내리침이 옳다則는 뜻입니다.
법칙 칙則 자에서 왼쪽의 재물 패貝 자가

금문金文과 예서隷書에는 솥 정鼎 자로 기록되어 있습니다.

고대에는 법률 조문을 솥 위에 새겼습니다.

솥은 '음식 나누는 그릇分食之器'으로

매일 세 끼 음식을 나눌 때마다

분배의 원칙을 생각할 수 있었기 때문입니다.

## 0255 다할 진

다할 진盡 자는 그릇 명皿 부수에 들어있지요.

갑골문자 다할 진盡 자에 의하면

한 손聿에 보들보들한 솔灬을 쥐고

그릇皿을 닦고 있는 모습으로 그려집니다.

다시 말해 '설거지할 진盡 자'라고 할까요.

그릇을 닦기 위해서는 비어야 합니다.

그릇에 만일 음식이 담겨 있다면

설거지를 할 수 없습니다.

다 먹고 난 빈 그릇이거나

아니면 남은 음식을 다 비운 뒤라야
비로소 그 그릇을 닦을 수 있습니다.
따라서 그릇의 음식이 다했다는 데서
'다하다'라는 움직씨만 이끌어 온 것입니다.
버너皿 위로 불꽃灬이 타오르고
불꽃 위에 석쇠一를 얹은 뒤
고기聿를 굽는 모습에서
'완전하다' '다 익었다' '충분하다' 등의
의미로 해석되기도 합니다.

## 0256 목숨 명

사람人에게는 하나一밖에 없는 것
어떤 재물口로도 바꿀 수 없고
어떤 명예卩로도 바꿀 수 없는 것
그렇습니다. 생명입니다.
사람人의 목숨命은 오직 하나一입니다.
먹고 마심口으로 유지되고

끊임없는 두드림卩으로 이어갑니다.
무슨 두드림입니까

요제프 루드비히 반 베토벤(1770~1827)의
다섯 번째 교향곡《운명運命》제1악장,
이 제1악장의 여덟 개 음이 두드리는
인상적인 동기를 나는 심장박동으로 봅니다.
운명의 신이 두드리는 소리로 이해하는데
운명의 신이 아니라 운명 그 자체입니다.
옮길 운運에 목숨 명命이지요.
운명은 사주팔자Fate가 아니라
수천만억조 분의 1초라도 끊기지 않고
옮겨運나르는 생명命 그 자체입니다.

생명은 전기의 작용과 같습니다.
전기는 전기의 흐름電流 그 자체입니다.
전기가 처음부터 들어와 있는 게 아니라
계속해서 흐르고 있는 현상이지요
인간의 생명도 마찬가지입니다.
심장 박동에 따라 혈액이 온몸으로 흐르고
밖으로부터 끊임없이 산소가 공급되며
신진대사가 멈춤 없이 이루어지기에

우리는 살아있습니다.

이 목숨 명命 자가 입 구口 부수임은
생명의 유지는 먹어야 하는 까닭입니다.
명命 자는 '목숨' 외에 다른 뜻들이 있습니다.

목숨, 생명, 수명, 운, 운수, 말, 언약, 표적, 목표물
명령, 분부, 성질, 천성, 규정, 규칙, 가르침, 하늘의 뜻
천명, 호적, 도, 자연, 이법, 벼슬, 신표, 운명, 명령하다
가르치다, 알리다, 이름 붙이다 등등 매우 다양합니다.

이 목숨 명命 자와 같은 뜻을 지닌 글자가
다름 아닌 목숨 수壽/壽/寿 자입니다
목숨 수壽 자를 파자破字하면
관리직 선비士와 기술직 장인工이
지상一에서 함께 손乛잡고 걸어가는 것
먹고 마시고 말하고 침묵하는 입口과
소박한 마음寸의 나눔이 함께 들어있습니다.

지금은 네이션의 시대가 아니라
전지구적인 글로벌 시대이기 때문에
국가관이 아니라 인류애가 필요하다고

강변하는 이들이 있을 것입니다
맞는 말입니다. 천 번 만 번 맞는 말입니다.
그러나 글로벌을 추구하면서도
국가와 민족은 또 다른 개념입니다.

언어口가 하나丨로 통일中될 때
마음과 마음心이 하나로 밑바탕이 되어
충忠을 이룰 것입니다.
국민 없는 국가가 있을 수 없듯
나라 없는 국민도 있을 수 없습니다.
남북한 관계가 매우 복잡합니다.
진정 충忠이 필요한 때입니다.

<065>

## 임臨심深리履박薄

## 숙夙흥興온溫정凊

0257 **임할 임臨**

0258 **깊을 심深**

0259 **밟을 리履**

0260 **엷을 박薄**



깊은연못 얇은얼음 밟듯이하고

일찍깨어 추위더위 마음쓴다면

# 0257 임할 임

# 臨

통자, 또는 간체자는 '임临'으로 씁니다.
임臨 자는 신하 신臣 부수에 들어있으며
크고 작은 물건들을 표현한 것이
오른쪽 아랫단의 물건 품品 자입니다.
이러한 물품을 관리하는 직업이
'와臥' 또는 '와卧'라는 위치지요.
요즘도 정부기관에는 장비과가 있는데
필요한 물품을 관리하는 부서입니다.

신하臣는 으레 주군 앞에 엎드립니다.
요즘은 옛날과 많이 다른 까닭에
정중히 무릎 꿇고 엎드리지는 않겠지만
예의는 분명히 갖출 것입니다.
하긴 전에 어느 대통령 앞에서
새해 세배가 아님에도 불구하고
큰절 올리는 가신들을 가끔 보기는 했습니다.

신하 신臣 자를 오른쪽으로 90° 기울이면
반듯한 사람의 얼굴이 드러납니다.
얼굴 윤곽冂 안에 오뚝한 코ㄴ가 있고
코 양쪽으로 두 눈一一이 그려져 있습니다.
신하 신臣자를 그대로 놓고 보면
왜 이런 글자臣를 써 놓고 신하라 했을까.
궁금한 사람들도 있었을 것입니다.
얼굴이 옆으로 놓인 것이지요.
부복하여 엎드린 이미지 표현입니다.

이와 비슷한 글자가 곧 클 거巨 자인데
이는 신하 신臣 자와 정반대로
왼쪽으로 90°기울여야 답이 나옵니다.
곧 드넓은 바다 한가운데
우뚝 솟아오른 섬을 상징한 것입니다.
마치 구산팔해九山八海 한가운데
장중하게 솟아오른 수미산처럼 말입니다.
비슷한 이미지인데 해석은 달리하는 것
캘리그라피가 지니는 매력일 것입니다.

이처럼 점 복卜 자도 90°기울이면
엎드린 사람의 모습이 확실합니다.

일설에 따르면 사람인변亻을
좌우로 위치 바꿈한 게 복卜자라고도 하는데
나름대로 일리가 있는 얘기입니다.
나도 그 생각을 많이 하고 있었으니까요.
아무튼 복卜자와 인亻자는 같은 자입니다.
그러므로 복자가 점卜을 칠 때
주 대상이 사람亻을 벗어나지 않습니다.

와臥는 '누울 와' '엎드릴 와'로 새기는데
아래에 차곡차곡 쌓여있는 물품品을
위에서 사람人이 지켜보는 것입니다.
따라서 '임하다' 할 때의 임臨은
소임의 '임任'과 뜻을 같이합니다.

임할 임臨 자를 보고 있노라면
충무공의 임전무퇴臨戰無退가 떠오릅니다.
내가 알고 있기로 '임전무퇴'는
충무공 이순신 장군의 설이 아니라
신라 원광圓光스님의 설입니다.
불교 재가오계在家五戒에서 가져왔지요.
원광스님은 고구려 백제 등
당시 작은 춘추전국시대에 어울리게끔

계율의 조목들을 손질했습니다.

가장 대표적인 것이
살생유택殺生有擇과 임전무퇴臨戰無退입니다.
곧 살생하되 가려서 하라는 것과
싸움에 임해서는 물러서지 말라는 것
어떻게 불교에서 살생을 얘기하고
전쟁을 얘기할 수 있단 말입니까.
그러나 현실은 현실입니다.

국민 없는 국가가 있을 수 없듯이
나라 없는 국민, 나라를 잃은 민족도 없습니다.
이 밖에도 고사성어가 몇 개 생각나네요.



배산임수背山臨水
여림박빙如臨薄氷
임갈굴정臨渴掘井
임농탈경臨農奪耕
임난주병臨難鑄兵 등 숙어가 있습니다.

임할 임臨 자에는 어떤 뜻이 들어있을까요?
임臨하다, 어떤 사태나 일에 직면하다, 내려다보다

다스리다, 통치하다, 대對하다, 뵙다, 비추다
비추어 밝히다, 본떠 그리다, 접근接近하다, 지키다
치다, 공격하다, 곡哭하다, 장차, 임시, 장갑차
군의 편제 단위, 괘卦 이름 따위입니다.

물리학, 곧 격물格物의 세계가
예전이라고 해서 없었던 것은 아닙니다.
그러나 지난 1945년 여름 이후
원자 핵물리학이 고도로 발달하면서
새로운 언어가 생겨났는데
바로 '임계臨界'라는 용어일 것입니다.

'임계' 뒤에 어떤 말이 따라붙느냐에 따라
의미가 달라질 수 있습니다만
임계는 핵물리와 관련이 상당히 깊습니다.
임계량臨界量은 임계질량의 준말로서
핵분열 물질이 연쇄반응을 일으킬 수 있는
최소한의 질량質量mass을 가리키는 말입니다.

## 0258 깊을 심

깊을 심深은 옛 글자 깊을 심㴱이 있는데
삼수변氵에 구멍 혈穴 자를 놓고
구멍 혈穴 자 아래에 다시
큰 대大 자와 불 화火 자를 놓음으로써
심해의 열수공熱水孔을 표현하고 있습니다.
큰 대大와 불 화火는 자세히 보면
글자 자체가 한데 엉겨 있어서
큰 대大와 불 화火가 구분이 안 됩니다.

왜냐하면 심해 열수공에서 나오는
물의 온도가 350°C를 웃돌기 때문에
온도로 보면 불에 가깝지만
불꽃이 없기 때문에 분명 불도 아닙니다.
심해에 대한 연구가 시작된 것은
아주 최근의 일입니다.
1960년대에 이르러 미국이 처음으로
해양잠수정을 가동하였으니

아무리 오래되었다 해도 50년 남짓입니다.

그런데 어떻게 한문의 깊을 심 자가
심해 열수공을 표현하고 있을까요
깊을 심 자에는 이런 글자罙도 있습니다.
역시 심해 열수공에서 불꽃炎처럼
뜨거운 불꽃이 분출함을 나타내고 있습니다.
그러나 더 정확하게 짚어간다면
화산火山volcano과 관련이 있습니다.
심해 열수공은 바다 깊이가
2,000m에서 3,000m 사이에 있지요.

혹시 그거 아십니까.
지구 대기의 기압은 1기압임을요.
이는 지구를 둘러싼 대기의 기압입니다.
물은 공기보다 밀도가 높기 때문에
그만큼 기압도 높습니다.
바다는 10m 깊이로 내려갈 때마다
1기압씩 높아진다고 합니다.
2,000m~3,000m정도 깊이라면
무려 200~300기압이 되지 않겠습니까.

바다 밑으로 30m 이하는
맨몸으로 들어갈 수 없다고 합니다.
3기압 이상으로 높아진 무게 때문입니다.
가령 지구 위에서 70kg의 체중을 가진 사람이
기압이 지구의 90배인 금성에 가게 되면
6,300kg의 무게를 느끼겠지요.
마찬가지로 3,000m 심해라고 한다면
300기압 21톤의 몸무게가 될 것이니
특수 장비를 착용하지 않은 채
심해까지는 도저히 내려갈 수 없습니다.

2014년 4월 세월호가 침몰하면서
UDT대원들을 비롯해 많은 사람이
수색활동에 참여했습니다.
그런데 수색하는 일이 쉽지가 않았지요.
수압(기압)도 수압이려니와
바닷물의 유속이 빨랐기 때문이었습니다.
바닷물이 초속 1m를 흐른다면
그 힘은 초속 40m의 풍속과 맞먹습니다.

기압과 빠른 유속을 함께 이겨내며
작업을 해야 했기에

성공률이 그만큼 낮아질 수밖에요.
아무튼 깊을 심罙 자가
열수공이고 화산의 세계라고 한다면
한문이 만들어지던 그 옛날에
화산은 으레 말할 것도 없고
바다 밑 세계를 이해했다고 보아야 합니다.

'물이 깊다'는 표현에는 기준이 있습니다.
깊을 심深 자에 그 표준이 있지요.
몸이 빠질 수 있음은 물氵인 까닭이고
물은 고체固體가 아니기 때문에
몸을 받아줄 구멍穴으로 생각한 것입니다.
그리고 그 깊이는 사람木의 키를 넘습니다.
구멍穴 아래 사람木은 물이 깊다는 뜻입니다.

사람 인人 자가 아니고 나무 목木 자라고요?
나무 목木 자는 나무의 뜻도 있지만
두 팔 두 다리를 힘껏 벌리고
꼿꼿하게 서 있는 사람의 모습입니다.
나무가 잠기는 게 아니고
사람 키를 넘겨 잠긴다 하여 깊음입니다.
그럼 얕음淺이란 어느 정도일까요.

얕음이요? 그렇습니다.

접시戔에 담긴 접시 두께의 물氵입니다.

그래서일까 우리 속담에

운이 지지리도 없는 이를 가리켜

“접시 물에 빠져 죽을 놈”이라 합니다.

사람의 키를 넘으면 깊음이고

키를 넘지 않으면 얕은 것입니다.

접싯물이 곧 얕음의 기준이라 여겨집니다.

## 0259 밟을 리/이

밟을 리履는 신발 리履로도 새깁니다.

본디 동사였는데 명사로 바뀐 것입니다.

언어의 변천사를 살펴보면 명사가 동사가 되고

동사에서 명사로 형용사로 바뀌고

형용사에서 부사로 몸을 바꾸곤 했습니다.

처음부터 명사 동사 형용사가

명확하게 정해진 것도 있었습니다.

그러나 대부분은 돌연변이거나
허물벗기 등으로 바뀌고 변신해 갔습니다.
밟을 리(이)/신발 리(이)도
동사 '밟다'에서 명사 '신발'로 바뀌었는데
그럼에도 2가지 품사를 다 지니고 있습니다.

밟을 리履 자를 눈여겨 보면
'꼬리尸'와 '밟다復'가 만난 글자입니다.
'호랑이 꼬리尸를 밟다復'에서 온 것이지요.
또한 '마음을 되돌리다'의 뜻이 있습니다.
'거꾸로尸 신은 신발을 회복復하다'
훌쩍 버리고 떠나려하다가
마음 고쳐먹고 다시 함께 사는 것입니다.

## 0260 엷을 박

# 薄

엷음과 얇음은 뉘앙스가 좀 다르지요.
본디 처음에는 초두艹가 아니었고
대죽竹 아래에 쓴 박簿 자였는데
더 흔한 지물을 비유로 가져오다 보니
얇을 박簿이 엷을 박薄으로 바뀐 것입니다.
하지만 '엷다'와 '얇다'는 늘 같이 씁니다.

엷은 얼음을 밟듯이 조심스럽게
깊은 물가에 임했을 때처럼
삶을 살아감에 있어서
어버이를 모시고, 군주를 섬기되
조심하고, 조심하고 또 조심하라는 뜻입니다.

<066>

임臨심深리履박薄

숙夙흥興온溫정淸

0261 이를 숙夙

0262 일어날 흥興

0263 따뜻할 온溫

0264 서늘할 정淸



깊은연못 엷은얼음 밟듯이하고

일찍깨어 추위더위 마음쓴다면

## 0261 이를 숙

저녁 석夕 부수의 회의문자입니다.
석夕은 저녁이라기보다는 밤夜이지요.
야夜 자에도 석夕 자가 들어있습니다.
숙夙은 안석案席잠입니다.
침대에서 자는 깊은 잠이 아니고
의자几에 앉아 자는 '쪽잠'을 가리킵니다.
짧은一 밤夕을 지새고
이른 새벽 깨어난다는 글자입니다.



무릇 범凡과 안석 궤几는 같이 쓰입니다.
무릇 범凡/凣/凡은 점丶이 들어가고
범凡 자에 벌레 충虫 자를 넣으면
바람 풍風 자가 되는데 옛날 기록에 의하면
벌레가 바람을 일으킨다고 본 것입니다.
흰 백白 자나 날 일日 자를 넣어도
'바람 풍凬/凮' 자라고 했는데
태양白/日이 바람을 일으킨다는

물리학적 과학적 이론이기도 합니다.

## 0262 일어날 흥

부수는 절구 구臼 자입니다.
마주들 여舁 자에 한가지 동同 자가
일어날 흥興 자의 의미값이고
또한 소릿값이기도 하지요.
절구 구臼 자는 두 손을 모은 모습인데
다 함께 연꽃 합장을 한 상태로
마음을 한데 모아 기도하는 모양입니다.

또는 일어날 흥興 자는 그 자체로
수레輿와 같은 뜻을 지니고 있습니다.
수레 여輿 자에서 '수레 자車'대신
'승객들同'이라는 글자로 바뀌었을 뿐입니다.
예전에도 수레를 타는 사람은
경제적으로 넉넉한 사람이고

나름대로 신분도 높아야 했는데
요즘도 여유있는 자는 좋은 차를 타겠지요.

일어나기 위해서는 도움同이 필요합니다.
서로서로 손에 손臼을 맞잡고
멀고冂 가까운同 이들이 하나一가 될 때
힘차게 일어날 수 있다고 본 것입니다.
그리고 이들을 토대一로 했을 때
동丿으로 서乀로 뻗어 나갈 수 있습니다.

### 0263 따뜻할 온

# 溫

그릇皿 속의 물氵이 오래 보온되려면
밀폐囚가 잘 될수록 유리합니다.
이 따뜻할 온溫 자 한 글자 속에
보온의 원리가 듬뿍 들어있습니다.

## 0264 서늘할 정/청

# 凊

삼수변氵이 물의 액체 물이라면
이수변冫은 물의 고체 얼음입니다.
삼수변氵이 물의 움직임이라면
이수변冫은 물의 정지됨입니다.
여기에 푸를 청靑 자를 붙였는데
청靑 자가 소릿값입니다.

추운 겨울에는 따뜻하게 하고
더운 여름에는 시원하고 서늘하게 하며
습도가 높을 때는 건조하게 하고
지나치게 건조할 때는 습도를 높입니다.
어두운 곳은 불을 밝혀 밝게 만들고
지나치게 밝은 곳은 불을 끄고
커튼으로 그림자를 만들어 안정되게 합니다.

시끄러우면 사람이 들뜨게 되고
너무 고요하면 사람이 우울해집니다.

배가 고프면 먹을 게 필요하고
목마르면 목을 축일 음료가 필요하지요.
삶에 있어서 무엇보다 소중한 것은
양극단을 떠난 알맞음입니다.

중용의 도리, 중도의 세계는
마음의 세계만이 아닙니다.
정신적 세계에서만 필요한 게 아니라
몸이 먼저 중용을 요구합니다.
숙흥온정夙兴溫凊은
숙흥야매夙兴夜寐로 더불어
부모님을 모시는 사자성어로 유명하지요.



지난 1983년 9월 하순
홀로 타이완Taiwan을 방문했을 때
타이베이台北에서 열차를 타고
타이쭝台中 타이난台南을 거쳐
까오슝高雄으로 가는 길이었습니다.
마침 옆자리에 함께 탄 현지인과
얘기를 나누게 되었지요.

그가 내게 중국어로 물었습니다.

"제가 듣기로 한국에는 효孝 문화가
대단하다던데 정말 그렇습니까?"
효에 대해 물어왔기에 내가 답한 말은
"쑤씽원칭夙兴溫凊suxingwenqing"이었습니다.
그는 서툴지만 나의 고사성어 인용에 대해
회등잔처럼 두 눈을 크게 떴습니다.

우리가 외국인과 대화할 때
그 나라의 속담이나 관용어를 이용하게 되면
친근감 속도가 그만큼 빨라집니다.
타이완 사람에게 중국어로
관용구를 내놓다니 그럴 수밖에요.

처음에 나는 그에게
쑤씽이에메이夙兴夜寐를 얘기했는데
그가 잘 알아듣지 못했습니다.
다시 인용한 관용구가 쑤씽원칭이었지요.
쑤씽원칭이나 쑤씽이에메이는
효의 마음가짐이며 효를 실천하는 키워드입니다.

<067>

## 사似란蘭사斯형馨
## 여如송松지之성盛

0265 **같을 사**似

0266 **난초 란**蘭

0267 **이 사**斯

0268 **향기 형**馨



**목련처럼 그향기가 펴져나가고**

사철푸른 송백처럼 무성하리라

## 0265 같을 사

# 似

이 글자 외에 다른 '같을 사佀'가 있습니다

어떤 글에서는 앞의 '같을 사似'를 쓰고

같은 문장 내에서 뒤의 '같을 사佀'를 씁니다.

이는 이왕이면 같은 모양의 같은 뜻보다

모양은 다르되 의미가 같은 자를 놓아

시각적 다양성을 높이기 위함입니다.

이를테면《般若心經》을 사경할 때

한글인 경우 아래아 한글이라든가

예술적 캘리그라피를 섞으면 좋을 것이고

한문인 경우 '없을 무無' 자를

다양하게 가져다 놓아도 꽤 좋을 것입니다.

다른 꼴 같은 뜻의 '없을 무' 자 많거든요

기본의 없을 무無 자와 함께 한 번 보겠습니다.

없을 무無/없을 무冇 '없을 유'라고도 새깁니다

없을 무无/없을 무毋/없을 무亡/없을 무旡/없을 무亾

없을 무亾/없을 무橆 자를 번갈아 놓아도 좋습니다.

게다가 같은 의미의 다른 글자들을
90° 좌로 또는 우로 눕혀 놓는다든가
45° 쯤 비스듬히 눕혀도 좋고
180° 돌려 놓아도 재미있지 않습니까.

어차피 눈에 띄는 것도 아니거니와
소리가 있는 것도 아니고
향기와 맛과 촉감이 있거나
의지가 있는 있음有의 세계도 아닙니다.
표현할 수 없는 없음無의 세계입니다.



어디 캘리그라피 뿐이겠습니까.
누비 예술가 곧 퀼트아티스트가
바늘로 한 땀 한 땀 빚어내는 섬유 예술에는
이른바 색즉시공色卽是空과
공즉시색空卽是色이 숨어 있습니다.
지구에서 광활한 우주로
광활한 우주에서 아름다운 별
지구에로의 여행을 자유롭게 그려냅니다.

그래서 나는 이렇게 표현하고 싶습니다.
사이비似而非가 색즉시공이라면
비이시非而是는 공즉시색이라고요.
사이비라고 하니까, 꼭 무조건 나쁜 쪽 용어 같은데
색즉시공이란 불교 용어를 놓아도 되느냐고
또 비이시는 세상에 없는 용어인데
그렇게 함부로 만들어내도 되느냐고요.
사이비는 본디 나쁜 말이 아니며
비이시는 없는 말이 맞습니다.
그러나 새로운 용어는 계속 생겨납니다.

세계 인구의 5%를 차지하는
3억 2천만 명이 사는 미국에서
매일 5천 단어가 새롭게 태어나지요.
만약 이를 페르미 추정법으로 환산한다면
세계적으로 매일 10만 단어가 생깁니다만
그렇게까지는 아니더라도
아마 매일 3만 단어쯤은 생길 것입니다.

그러므로 '비이시'라는 단어를
새롭게 만들어내는 것이 문제될 게 없습니다.
이는 저급한 욕설이 아닙니다.

이는 인문학 용어입니다.
철학 용어며, 문화예술의 용어입니다.
따지고 보면 닮은 듯 아닌 것似而非이
어찌 색즉시공뿐이며
아니면서 맞는 것非而是이
어찌 세상에 공즉시색뿐이겠습니까.

같을 사似 자를 놓고 보면
두 사람亻人사이에 사사로움厶이 끼어 있습니다.
왼쪽 사람亻을 오른쪽으로 90°기울이면
옛날 집 낮은 천장 낮은 문설주 때문에
사람이 몸을 낮추고 들어가는入 모습이고
오른쪽 사람人은 당당하게 서 있는 모습이지요.

따라서 들 입入 자와 사람 인人 자는
같은 글자인데 놓인 상황이 다를 뿐입니다.
같을 사似 자에 담긴 뜻은
인변의 인亻이나 서있는 사람이나
사사롭게厶 생각해 보면 다 닮은 꼴이라
필요에 의해 생겨난 심리학心理學 글자입니다.

이 '같을 사佀 자'는 또 어떻습니까.

역시 이 글자를 우측으로 90° 기울이면
목숨 명命 자와 닮았는데 명命 자는 아니지요?
아닌 곳이 두 군데가 있는데
하나는 사람 인人 자가 아니고 들 입入 자며
다른 하나는 한 일一 자 하나로
입 구口 자 윗부분을 모두 막았습니다.
여기에는 분별의 뜻이 들어있습니다.

목숨 명命 자 같은데 목숨 명命 자가 아니니
사이비, 곧 닮은꼴이면서 아님이고
사람 인人 자 같은데 들 입入 자이니
역시 사이비, 닮은꼴이면서 아닙니다.
그리고 방 안에 들어가면
요즘과 달리 옛날에는 전깃불이 없었기에
사람을 구별하기가 쉽지 않았지요.

같을 사佀, 곧 사이비 목숨 명命 자에는
두 사람口口이 있는데 어두침침하다 보니
왼쪽 사람口이 오른쪽 사람口 같고
오른쪽 사람口이 왼쪽 사람口 같아
여기서 닮은꼴이라는 사佀 자가 생겼습니다.
어때요. 이해가 가십니까?

## 0266 난초 란

난초 란蘭은 번체자繁體字이고
간체자簡體字로는 난兰으로 씁니다.
난蘭은 향기로운 풀입니다.
사군자四君子 가운데 들어 있는데
사군자 매란국죽梅蘭菊竹은 알고 계시지요.
향기로운 풀이라고 했습니다만 얼마나 향기로우며
번져가는 영역이 어디까지이겠습니까.

열반경에서는 말씀하십니다.
"설산雪山에 한 포기 향초가 있는데
 알아주는 이 없으나 스스로 꽃을 피우고
 그 향기는 삼천계에 두루 번져간다"라고요.
난 아직 그 향초가 어떤 꽃이며
열반경 어디 나오는지 확인은 못했습니다.
어쩌면 우담바라 꽃일 수도 있을 것입니다.
중요한 것은 이 꽃향기가
삼천대천세계에 두루 번져나감입니다.

난초 란蘭 자를 파자破字 하면
초두艹 아래 가로막을(난간) 난/란闌이고
난闌은 문 문門 안에 가릴 간柬이며
간柬은 다시 묶을 束에 여덟 팔八입니다.
간柬을 나무 목木에 넉 사四로 보거나
나무 목木에 그물 망罒으로 보기도 합니다.
그런데 이런 파자는 난초와는
전혀 관계가 없기에 설명은 생략합니다.
왜냐하면 난蘭에서 초두艹를 빼면
난/란은 소릿값에 지나지 않는 까닭입니다.

## 0267 이 사

이것, 잠깐, 모두, 쪼개다, 떠나다, 희다
다하다, 천하다, 낮다가 들어 있습니다.
부수는 도끼 근斤 자며
부수에 글자의 뜻이 담겨 있습니다.
그 기其 자가 소릿값입니다.

사斯는 모음이 'ㅏ'고

기其는 모음이 'ㅣ'인데

기其가 어떻게 사斯의 소릿값일 수 있습니까.

그러므로 한자에는 가차假借가 있습니다.

사斯에서는 기其가 소릿값이지요.

어렵습니까?

맞습니다. 어려운 게 맞습니다.

'이 사斯'의 '이'는 지시대명사, 관형사로

말하는 이에게서 가까이 있는 것이고

'그 기其'의 '그'는 말하고 듣는 이와 떨어진

삼인칭 대명사며 관형사입니다.

그런데 어떻게 가차법이 적용될까요.

거짓 가假가 빌릴 차借를 거짓 빌렸으니까요.

지시 대명사이자 관형사인 '이'와 '그'는

비록 간단한 것 같지만

이승과 저승을 놓고 볼 때는

하늘과 땅 차이가 아니라 삶과 죽음입니다.

이승은 그렇지만 저승은 그승이 아니니까.

'그'와 '저'는 연결이 안 되잖느냐 하면

그때는 '그'가 '저'로 바뀌어

그승 대신 저승으로 불리는 것입니다.

## 0268 향기 형

향기 향香 자가 부수이고
소리 성殸은 곧 소릿값입니다.
향기는 소리와 달리 분자로 전달됩니다.
매질을 통해 전달되는 소리에 비해
전달되는 범위가 좁을 수밖에 없지요.
그런데 이 향기 형馨의 뜻은 다릅니다.

향기香에 소리를殸 더했습니다.
따라서 향기 향香이 스탠다드형型이라면
향기 형馨은 와이드 스프레드형型,
곧 드넓게 펼쳐지는 광범한 향기입니다.
특별한 경우가 아니라면
냄새의 전달 범위는 한계가 있습니다.
물론 소리 기능도 한계는 있지요.

그러나 향기에 소리 기능이 보태진다면
멀리 널리 빠르게 전해질 것입니다.
소리는 가청 주파수가 20~20,000Hz이내며
나이가 들수록 가청주파수는 낮아지지만
향기보다는 멀리 가는 게 맞습니다.
향기는 모든 사물에 배어 있습니다.

번질 수 있는 분자가 있는 한
냄새 또는 향기는 풍기게 마련입니다.
난초의 향기는 얼마나 가겠는지요.
향香은 벼禾와 해日의 만남입니다.
세상에서 가장 향기로운 것은
일조량日照量을 충분히 받아 잘 여문
과일과 곡물禾보다 더한 것은 없습니다.
향기 향香 자가 어떻게 되어 있습니까.
벼 화禾 자와 햇살 일日 자입니다.

부모님을 잘 모시듯
나라를 위해 충성을 다하는 것입니다.
나라가 곧 국민이고 국민이 나라입니다.
국민은 정치인들만이 내세우는
이른바 정치인들만의 전유물이 아닙니다.

내가 국민이고 내 가족이 국민이고
내 직장 동료 선후배가 국민이고
부모님 스승님 제자들이 다 국민입니다.

세월호 희생자만 국민이 아니라
천안함 희생자도 국민이고
희생자만 국민이 아니라
구조대원도 국민이고 민관군경이 다 국민입니다.
국민 아닌 사람이 한 사람도 없습니다.
이들을 위한 짙고 너그러운 마음이
난초의 향기처럼 멀리멀리 퍼져갑니다.

<068>

사似란蘭사斯형馨

여如송松지之성盛

0269 같을 여如

0270 소나무 송松

0271 갈 지之

0272 성할 성盛



목련처럼 그향기가 퍼져나가고

사철푸른 송백처럼 무성하리라

## 0269 같을 여

# 如

나는 이 글자를 보면 늘 여래가 떠오릅니다.
직업은 속일 수 없는 듯싶습니다.
보이는 것이 다 절터고
들리는 게 모두 염불소리고
'향기' 하면 연꽃이 가장 먼저 떠오르듯
같을 여如 자는 곧장 여래如來로 이어집니다.
후광 효과後光效果halo effect입니다.
갈 데 없는 수행자인가 봅니다.

내 기억으로《금강경》제29분에 따르면
여래如來를 약래若來라 표현하십니다.
여래의 '여'가 '같을 여如' 자인데
약래의 '약'도 '같을 약若' 자입니다.
세기의 역장 쿠마라지바 큰스님께서는
금강경을 번역하면서 변주變奏를 하고 있습니다.
변주의 대가 부처님의 제자답습니다.

여래如來 여거如去 여좌如坐 여와如臥라
번역해야 할 내용들을
같을 여如와 같은 뜻 다른 꼴의
같을 약若 자를 놓아 변화를 주고 있습니다.
약래若來 약거若去 약좌若坐 약와若臥로
자유롭게 옮기고 있습니다.

역장譯匠 쿠마라지바 큰스님의
자유로운 상상력과
뛰어난 예술성이 아니고서는
생각하지 못할 문체의 아름다움입니다.

같은 주제가 다양한 변화를 거치면서
계속 반복되는《금강경》변주곡은
그래서 경을 읽어가는 재미와 함께
독경 소리를 느끼는 재미가 있습니다.

비발디의《사계》가 음의 변주라면
우리《금강경》은 진리의 변주입니다.
경전 속에 담긴 심오한 철리哲理를
한 자 한 자 깨달아 가는 맛은
그야말로 설명으로는 전달이 불가능합니다.

같을 여如 자는 계집 녀女에 입 구口입니다.
여성女이 생명의 시원始源이라면
입口은 생각을 전하는 최초 기관입니다.
여女 자가 부수로 들어간 글자들은
대체적으로 성性과 관련되어 있고
저속하고 비속한 내용들로 채워져있는데
그 가운데는 건질 만한 내용들도
나름대로 꽤 있는 편입니다.

같은 계집 녀女 자가 가로로 놓일 때
시끄럽게 송사하다의 뜻으로
송사할 난奻 자가 있는가 하면
같은 계집 녀女 자가 세로로 포개질 때
아리땁다 사랑스럽다의 뜻으로
아리따울 교㚣 자를 설정해 놓습니다.

계집 녀女 자 셋을 포개 놓고는
간음할 간姦 자라 하여
온갖 허물을 여성에게 뒤집어씌우고
심지어 여성과는 관계가 없는
비역하는 것까지 계집 여女 자를 넣어
비역 기㚻 자를 만들어냈습니다

계집 녀女가 부수로 들어간 한자가
한자 자전의 3%에 해당하는 632자입니다.
사내 남男 자가 겨우 3자인데
비속어의 뜻은 한 글자도 없습니다.
이에 비하면 여성에게 차지하는
성sex의 관심 세계가 다양하기는 합니다.

여如가 왜 '같을 여'자일까요.
여女는 소릿값이고 구口가 뜻입니다.
언어言가 어디서 나옵니까.
으레 입口을 통해서 나옵니다.
곤충을 제외한 동물들은
조류든 양서류든 포유류든 할 것 없이
입과 부리를 통해 자기 의사를 전달합니다.

따라서 입에서 나오는 말은 믿음을 요합니다.
사람亻말言에 믿음信을 요하는 것은
사람만이 속이고 거짓을 말하는 까닭입니다.
다른 동물들은 사실대로 표현할 뿐
술수術數라는 것이 없습니다.
그러므로 믿을 신信 자는
사람에게만 요구되는 글자이지요.

그런데 여래(여거 여좌 여와)의 언어는
언제 어디서나 '같음'을 전제로 합니다.
이 '같음'은 당체當體가 아닙니다.
'여래如來'가 오심이 아니라 '오신 듯'이듯
'여거如去'는 가심이 아니라 '가신 듯'이고
'여좌如坐'는 앉음이 아니라 '앉으신 듯'이며
'여와如臥'는 누움이 아니라 '누우신 듯'입니다.

여기 《금강경》기록대로
같을 여如를 같을 약若으로 바꾸더라도
그 의미는 변함이 없습니다.
오셨나 하면 오신 게 아니고
가셨나 하면 가신 것도 아니며
앉으셨나 싶으면 앉으심이 아니고
누우셨나 싶으면 누우심도 아닌 모습
이를 가리켜 부처님의 정체라 할 것입니다.

## 0270 소나무 송

우리나라 나무 중에서
대접 받는 나무는 소나무입니다.
충북 속리산 법주사 입구에 가면
정이품송正二品松이 있습니다.
종이품從二品도 아니고 정이품입니다.

사법부에서 정이품이 대법원 판사라면
종이품은 대법원 검사장이며
행정부에서 정이품이 장관이라면
종이품은 차관에 해당합니다.
지자체에서 정이품이 광역시장, 도지사라면
종이품은 부시장 부지사입니다.
교육부에서 정이품이 장관이라면
종이품은 차관에 해당합니다.

군에서 정이품이 참모총장이라면
종이품은 대장일 것이고

경찰에서 정이품이 행자부 장관이라면
종이품은 치안총감이 될 것입니다.
조선시대 관제에 있어서
판서 좌참판 우참판이 정이품이라면
참판 관찰사 절도사가 종이품입니다.

그런데 소나무가 정이품이었으니
오늘날 1급 공무원보다 높은 장관급이고
광역시장, 도지사급이니 대단하지요.
소나무 송松 자가 과연 어떻게 쓰였습니까.
나무 목木 자에 공변될 공公 자입니다.
다시 말해 나무는 나무로되
사사로운 개체의 나무가 아니라
공적인 나무 공수公樹고 공목公木입니다.

소나무 하면 생각나는 민요가 있습니다.
이른바 《첩타령》이라는 창입니다.
나는 내가 어릴 적 어머니가
베를 짜거나 삼을 삼거나
또는 바느질을 하실 때
가끔 읊조리는 것을 듣곤 했습니다.
나는 어머니가 아내로서 여자로서

한이 서린 아픔을 갖고 계심을 알았습니다.

해는 지고 저무신 날에
옷갓을 하고서 어디를 가오
첩의 집에 가시려거든
나 죽는 꼴이나 보고 가오
첩의 집은 꽃밭이요
나의 집은 연못이라
꽃밭의 나비는 봄 한철인데
연못의 잉어는 사시사철

난초와 더불어 소나무가 지조를 뜻함은
소나무는 계절의 바뀜에 따라
바뀌지 않고 사철 푸르다는 것입니다.
엄동설한이 왔을 때 차라리 꺾여
설해목雪害木으로 삶을 마감할지언정
푸른 솔잎을 떨구지 않습니다.
눈의 무게를 못이겨 부러지는 것은
다름 아닌 다북스러운 솔잎 때문입니다.

우리가 아는 소나무 송松 자는
사실 알고 보면 간체자에 해당합니다.

이것이 번체자 소나무 송鬆 자입니다.
더벅머리 송鬆이라고도 하는데
'따르다' '좇다'할 때는 '종'으로 발음하지요.
'소나무 송' 자에 다른 자가 있는데
소나무 송鬆외에/ 소나무 송枀/소나무 송枩
소나무 송柗/소나무 송松/소나무 송𩬆/소나무 송案
소나무 송寀/ 소나무 송㮤 자 따위입니다.
한결같이 공변될 공公자가 들어있지요.

배신의 정치가 난무하는 이 때
우리가 깊이 새겨 볼 나무가 소나무입니다.
내가 얘기하는 '배신의 정치'의 배신이란
그간의 소속 정당을 저버리고
하루 아침에 다른 당으로 들어가거나
무소속으로 남는 것일 수 있습니다

그러나 야가 여가 될 수 있고
여가 야가 될 수 있습니다
진보가 보수가 될 수 있고
보수가 얼마든 진보가 될 수도 있습니다.

계절 따라 좋고 싫음好惡 따라 옮겨다니는

철새 정치인들일 수도 있을 것입니다.
철새 정치인들도 할 말은 많습니다.
“자연이라는 것이 다양해야지
 사시사철 똑같은 것보다는
 철 따라 바뀌는 것도 좋지 않나요?”
이들에게 있어서 공公의 소나무는
특별한 의미 없는 똑같은 나무일 뿐입니다.

나는 당당히 얘기합니다.
“부디 배신의 정치는 하지 마십시오.
진정한 배신은 국민을 저버림입니다.”

## 0271 갈 지

갈지자로 나아가다.

zigzag

go zigzag

갈지자로 걷다.

walk zigzag [in zigzag]

reel

totter

갈짓자형이 되다.

make a zigzag

지그재그형, 갈짓자 걸음

zigzaggedness

지그재그형으로, 갈짓자 걸음으로

zigzaggedly

갈짓자형의 길을 가다.

follow a zigzag course

우리말에만 있는 줄 알았더니
다른 나라에도 같은 언어가 있습니다.
그러고 보면 사람 사는 세상은
동서남북이 다 비슷비슷한가 봅니다.

갈 지之 자는 부수가 삐침丿 입니다.
얼핏 보면 돼지해머리 두亠에서
갈짓자를 찾을 만도 한데
중간에 들어간 삐침丿이 부수입니다.
'왔다리갔다리'도 중간이 있기는 있네요.

## 0272 성할 성

# 盛

그릇 명皿이 부수部首면서 뜻을 나타내고
이룰 성成은 소릿값을 담당합니다.
제사용 곡물이 담긴 그릇이라 하여
그릇 명皿 자를 밑에 깔았는데
제사용 곡물이라면 어떤 것일까요.
찰기장 서黍와 메기장 직稷이라고 합니다.

그릇 중에 큰 그릇이 있습니다.
이른바 세간이라는 그릇器世間입니다.
이 세간 그릇은 모든 것을 담습니다.
나는 동아프리카 탄자니아에서
52개월 동안 체류했습니다.
말라리아 환자 돕는 사이사이에
잠시라도 시간이 나면
아니 일부러 시간을 내서라도
탄자니아 곳곳을 시외 버스로 다녔습니다.

2006년 추석날 밤이었습니다.
탄자니아 북부에 자리한 빅토리아 호수
나는 므완자Mwanza에서 배를 타고
9시간 끝에 이튿날 아침 6시,
호숫가 도시 부코바Bukoba에 내렸습니다.

밤새 호수가 담고 있는 하늘의 달과
호수에 담긴 달을 함께 느끼고
하늘의 숱한 별들과 호수에 담긴 별
하늘의 별들 사이에 촘촘히 박힌 어둠과
호수에 비친 어둠이 어우러져
마음껏 춤사위를 펼치고 있었습니다.
레이크 빅토리아Lake Victoria가
세계에서 둘째로 넓은 호수임은 알았지만
이 모든 것을 다 담고 있다니!

사람의 마음도 그래야 했을 것입니다.
세상보다 큰 게 마음의 그릇이라
우리는 입만 열면 말 배우는 아기들처럼
열심히 뇌까리고는 있지만 정작 남은 고사하고
자신도 제대로 담을 수 있는 그릇일까
천자문 여송지성如松之盛을 읽으며

다시금 나 자신을 되돌아봅니다.

난초처럼 향기로워라.

소나무처럼 무성하라.

<069>

**천川류流불不식息**

**연淵징澄취取영映**

0273 **내 천川**

0274 **흐를 류流**

0275 **아니 불不**

0276 **쉴 식息**



**시냇물은 쉬지않고 낮게흐르고**

**맑은못은 삼라만상 비추이듯이**

하천河川은 강과 시내를 아울러 이르는 말로
우리말로는 '내'로 순화하여 부릅니다.
다시 말해 '내'는 민물입니다.
바위 틈에서 솟아오르는 석간수石間水
잔 하나 띄울만한 샘물 남상濫觴
산골짜기를 굽이굽이 흐르는 산골물
이런 V자 골짜기를 형성하며
아래로 아래로 흐르는 내는 쉬지 않습니다.

이처럼 실개천에서 개천開川을 이루고
개천이 하천河川을 이루며
하천이 모여 강江을 이루고
이들 강이 더 큰 강을 이루면서
마침내 바다에 이르는데
바다에 이르러서야 마침내 흐름을 멈춥니다.
그러니 '내'의 신분일 경우
흐름을 쉬는 일은 결코 없습니다.

흐르다가 때로 폭포를 만들어 폭포를 거치고
소용돌이 소沼를 만들어 소를 거치고
호수를 만들어 호수를 거치고
선상지扇狀地를 만들고

흐르다가 하안 단구河岸段丘를 만들고
굽이치는 흐름의 물리에 따라
우각호牛角湖를 만들어 내기도 합니다.

바다가 가까워지면서
흐름의 양은 점점 많아지되
흐름의 속도는 점점 느려지게 됩니다.
그러나 강물의 질량에 비례하기 때문에
흐름은 느리더라도 힘의 세기는
실어온 퇴적물로 삼각주를 만들만큼
여전히 왕성하게 지니고 있습니다.

이처럼 흐름을 근간으로 삼는 내는
여기 《천자문》 표현대로 쉬지 않습니다.
내가 쉬지 않고 흐르는 데는
물리의 세계에서 보면
물은 질량을 지니고 있는 물질입니다.
전자나 중성자까지는 아니더라도
수증기나 안개와 같은 기체보다
산소나 질소보다 훨씬 밀도가 높은 까닭에
중력의 법칙을 따를 수밖에 없습니다.

지대地帶가 낮은 곳이라면
냇물은 흐름을 멈추지 않습니다.
그런데 사람은 이 자연 현상에 대해
나름대로의 의미를 덧붙이길 즐깁니다.
그래서일까 어떤 철학자는
"잠시도 멈추지 않고 흐르는 내여!
인생도 저와 같이 멈추지 않느니"라 했고
"물이 흐르지 않고 고여 있으면 썩듯이
생각의 흐름도 멈추면 삭으리라"했지요

## 0273 내 천

갑골문자에 의하면 내 천川 자는
왼쪽의 '丿'과 오른쪽의 'ㅣ'은 언덕이고
가운데 'ㅣ'이 물의 표시입니다.
개미허리巛가 내 천川 자의 본자입니다.
이 개미허리 역시 석 줄 가운데
두 줄은 양쪽 언덕을 표현한 것이고

가운데 한 줄이 물의 흐름 표시입니다.

이들 흐름의 양쪽 언덕과
가운데 물 흐름의 방향이 같은데
어느 것이 먼저 생긴 것일까요.
물은 목적지가 낮은 곳을 향해 흐르되
흘러가는 도중에도 높게 흐르지 않습니다.
높은 곳을 고집하지 않기 때문에
V자형 골짜기를 만들어내고
드넓은 강도 만들어낼 수 있습니다.

'내'의 원천인 석간수에서 시작하여
비좁은 산골짜기를 지나고
도랑물 개울물을 지나고
때로는 식수였다가
혹은 자싯물이었다가
상수도 하수도를 두루 거칩니다.

사람과 동물과 생명들의 몸을 통과하고
풀과 나무와 오곡백과를 길러내고
갖가지 향기로운 꽃을 피워냅니다.
논 밭과 늪지와 드넓은 호수에 몸을 담갔다가

강을 따라 목적지 바다에 이르기까지
결코 흐르는 과정 중에서도
높게 높게가 아니라 낮게 낮게 흐릅니다.

기존의 강하를 흐르기도 하고
없으면 강하를 만들어가며 흐릅니다.
고운 곳 미운 곳 가리지 않고
더러운 곳 깨끗한 곳 상관하지 않고
낮은 곳 원하는 곳이면 다 가는 '내'
길이 없는 곳은 만들어가면서 흐릅니다.

다시 한번 더 질문을 던져봅니다.
내의 주체인 냇물이 먼저일까요.
냇물의 양쪽 언덕이 먼저이겠습니까.
바꾸어 물어볼 수도 있습니다.
하심下心 곧 마음 비움이 우선일까요.
모두를 포용하는 사랑이 우선이겠습니까.

## 0274 흐를 류

# 流

내川가 '물'이라는 이름씨라면
흐름流은 내의 모습이며 움직씨입니다.
삼수변氵을 부수로 삼고 있으며
깃발 류㐬가 소릿값입니다.
깃발 류㐬 자를 자세히 살펴보면
구름云에서 빗줄기川가 쏟아짐입니다.
구름이 올라 비로 내리면
개울을 타고 하천과 강으로 흐르流지요.



본디 깃발 류㐬 자는
양수와 함께 태어나는 아기 모습입니다.
구름云은 구름이 아닌 아기 머리이고
내川는 아기가 태어나기 전
미리 산도를 부드럽게 하기 위해
애기집子宮에 있던 양수가 터짐입니다.
뒤이어 아기의 머리가 먼저 나오고
탯줄과 함께 나머지 양수가 나옵니다.

글자 모양으로만 보면
태어날 아기 머리㐬가 위쪽에 있고
양수川가 아래 있는 것으로 그려졌는데
아래 있는 양수가 일부 먼저 나오고
위의 아기가 나중 나오는 게 맞습니다.
왼쪽의 삼수변氵이 1차 양수이고
다음으로 아기㐬가 태어나며
아래 내川가 2차 양수일 수 있습니다.
따라서 흐를 류流를 또 다른 뜻
두 갈래 물 추沝 자로 풀이하기도 합니다.

## 0275 아니 불

일상생활 속에서 가장 많이 쓰는 단어가
부정사 '아니오' '아닙니다' '아니'입니다.
한자에는 부정사가 꽤 많지만
대표적인 글자가 곧 '아니 불不' 자입니다.

좋다는 말도 '뿌추어不錯'

나쁘다는 말도 '뿌하오不好'

싫다는 말도 '뿌야요不要'

별로라는 뜻도 '뿌하오칸不好看'을 씁니다.

우리 《반야심경》에서도

부정사를 앞에 두어 설하고 계십니다.

불생不生 불멸不滅

불구不垢 부정不淨

부증不增 불감不減

여기서 '아니 불不' 자를 모두 지워버리면

뜻이 통하지 않는 것은 아니지만

뭔가 밍밍하고 싱거울 것 같지 않습니까.



아무튼 부정사 아니 불不은

한 일一 자 부수에 들어있으며

양사量詞가 들어있는 사물에 두루 쓰이지요.

'1개' '2개' 할 때의 개個의 약자 개介

이 개介 자보다 더 간체자인 개个 자를

한 일一 자 밑에 붙여 놓았으니

아니 불不 자는 한 개一个의 뜻입니다.

그러나 이는 나의 단견일 뿐입니다

간체자가 나오기 전 아니 불不 자가 생겼으니

반드시 내 의견에 따를 필요는 없습니다.

그러나 아무것도 없는 무無에서

하나의 특이점特異點이 나왔습니다.

이 특이점을 싱귤래리티Singularity라 하는데

싱귤래리티는 특이점 외에도

단 하나밖에 없는 작은 점의 뜻입니다.

바로 빅뱅Bigbang의 전초점입니다.

이 싱귤래리티에서 우주 만물이 생겨났으니

불不 자의 뜻이 어떤 의미인지 아시겠는지요?

## 0276 쉴 식

코自와 심장心은 연결되어 있습니다.

본디 코自로 숨息을 쉬어

산소를 심장心으로 보낸다는 뜻이지만

여기서는 쉼이고 휴식休息입니다.

냇물이 흐르되 쉼이 없듯
내가 쉬고 놀고 잠자는 이 모든 순간에도
지구는 돌고 시간은 흐릅니다.
덧없는 죽음의 사자使者는
날 데리러 오는 발걸음을 쉬지 않습니다.

<070>

천川류流불不식息

연淵징澄취取영映

0277 **연못 연**淵

0278 **맑을 징**澄

0279 **취할 취**取

0280 **비칠 영**映

시냇물은 쉬지않고 낮게흐르고

맑은못은 삼라만상 비추이듯이

## 0277 연못 연

# 淵/渊

연못 연淵 자는 삼수변氵에 들어있습니다.

물 수氵가 뜻이며 연은 소릿값입니다.

연淵은 조각 편片과 조각 널 장爿으로

연못 가장자리를 꾸미고 있습니다.

가운데는 정지一된 물이 표현되고 있고요.

다시 말해서 연못의 세계는

흐르는 물이 아닌 쉬는 물

정지된 물이 담겨 있는 곳입니다.



따라서 연못淵의 세계도

외형적으로는 고요한 듯 보이지만

실제로는 엄청난 소용돌이를 겪고 있습니다.

한자에서 연못 연淵 자를 보면

삼수변氵은 으레 물입니다.

못 연淵 자를 오른쪽으로 뉘면

가운데 수직으로 내려 그은 것 l 이 물이고

양쪽은 물水의 양쪽 언덕입니다.

0278 맑을 징

걸을 발癶 아래 콩 두豆 자를 쓰면
오를 등登 자가 됩니다.
이 등登 자 왼편에 삼수변氵을 붙이면
맑을 징澄 자가 되는데
물氵이 뜻이고 등登은 소리값입니다.

## 0279 취할 취

취할 취取는 회의문자會意文字이기에
귀 이耳 자, 또 우又 자가 다 소릿값입니다
옛날 전쟁시에는 적군의 귀를 자르는데
반드시 왼쪽 귀만을 자릅니다.
임진왜란 때 왜가 조선의 사병을 죽인 뒤
시체의 왼쪽 귀를 잘라가지고 가서
귀 무덤을 만들었다고 합니다.

## 0280 비칠 영

# 映

날 일日이 부수며
일日이 뜻이고 앙央이 소릿값입니다.
비치는 것은 실체가 아니라
실체의 이미지에 지나지 않습니다.
그림자일 따름입니다.
연못에 비친 달을 건지려
원숭이들이 서로서로 손을 이어잡고
연못에 들어가 휘저어봅니다.
그러면 그럴수록 수면은 더 흔들리고
달은 더욱 더 건질 수 없게 됩니다.

내川가 흐름流의 물이라면
못淵은 쉼息의 물입니다.
내가 움직임動의 물이라면
못은 고요함靜의 물입니다.
내가 종체기용從體起用의 물이라면
못은 섭용귀체攝用歸體의 물입니다.

내가 공즉시색空卽是色의 물이라면
못은 색즉시공色卽是空의 물입니다.

저우씽쓰 선생은 대단한 시인입니다.
그는 《천자문》을 쓰면서
명銘의 매 연마다 운을 잘 맞추었습니다.
"천류불식川流不息
연징취영淵澄取映
내는 흐로되 쉬지 않고
못 맑으니 모습 비치네."

시詩가 아니고 명銘이라고요?
그렇습니다.
시는 큰 개념이고 명은 작은 개념입니다.
오언절구五言節句(5자)나
칠언절구七言節句(7자)와 달리
넉 자씩 이루어진 싯구를 명銘이라 합니다.
따라서 《천자문》은 천자문이 아니라
이름을 바꿔 《천자명》이라 함이 맞습니다.

쉼의 세계는 그냥 단지 쉼일 뿐
시간이 지나면 다시 움직일 것입니다.

물은 정지를 본연으로 삼지 않지요
물은 흐름, 움직임을 본연으로 삼습니다.
컵에 물을 담아 바람 한 점 없는 데 놓았을 때
얼핏 보기에는 물이 잔잔한 것 같지만
실로 물은 가만히 있지 않습니다.
물 분자는 상상을 초월하여
끊임없이 꼬물대고 활발히 움직입니다.

<071>

## 용容지止약若사思
## 언言사辭안安정定

0281 **얼굴 용**容

0282 **그칠 지**止

0283 **같을 약**若

0284 **생각 사**思



**표정이며 행동거지 마음을쓰고**

말로표현 하는데도 안정다하라

구용九容과 구사九思

구용九容은 일상생활에서
몸과 마음을 어떻게 가질까 하는 것을
아홉 가지로 설정한 것입니다.
구사九思는 학문과 지혜를 닦는 방법으로
율곡의 《격몽요결擊蒙要訣》 말씀입니다.

서기 1577년 42세 되던 해
율곡 선생(1536~1584)이 쓴 이 책은
청소년들을 가르치기 위한 교재입니다.
이 책 제3장 '몸가짐편持身章'에
구용과 구사가 나옵니다.

자기 몸과 마음을 가다듬는데
구용九容보다 더 중요한 것이 없고
구사九思보다 나은 게 없다고 했습니다.
몸과 마음을 바르게 하기 위해
알아야 할 내용을 담고 있으므로
오늘날 어린이는 물론 젊은 사람들도
배워야 할 내용이라 할 수 있을 것입니다.

나는 십 대 중반에 이 《격몽요결》을 읽고
글 내용이 좋아 한참 들뜨기도 했습니다.
어렸을 때는 책 내용에만 신경 쓸 뿐
저자가 누구인지 잘 몰랐습니다.
나중에, 그것도 절에 들어온 지 한참 뒤
내가 율곡선생이 이 책을 썼던 나이
마흔두 살이 되고서야 깨달았습니다.
"율곡 선생은 내 나이에 이런 글을 남겼는데
아! 나는 아직도 바로 서지 못하다니!"

저우 선생의 《천자문》 용지약사容止若思,
이 대목을 보고 위대한 학자 율곡이
구용구사를 집필했는지는 모르나
나는 이 대목을 읽을 때면
늘 《격몽요결》이 떠오르곤 합니다.
아홉 가지 바른 몸가짐=九容
아홉 가지 바른 마음가짐=九思
내친김에 어디 한번 찬찬히 살펴볼까요.

1. 족용중足容重
걸음걸이를 무겁게 하라.

발걸음 하나하나 조심스럽게 하고
확고한 믿음이 서고 나면
걸음걸이가 당당해야 합니다.
관상학 가운데 걸음걸이가 있습니다.
전 세계 70억 인구가 살고 있지만
걸음걸이는 70억이 다 다릅니다.
걸음걸이에 그의 살아온 인생
그의 지난 삶과 앞으로 살아갈 운명이
고스란히 담겨있다면
함부로 내딛을 수 있겠습니까.

2. 수용공手容恭
손을 공손하게 가지라



손을 갖고 있는 생명은 인간뿐입니다.
원숭이가 비록 사람과 닮았다 하나
앞발일 뿐 손은 아닙니다.
손은 수상手相이 따로 있을 정도로
사람에게서는 더없이 소중합니다.
손 수手 자를 놓고 볼 때
아래가 팔꿈치고 위쪽이 손가락입니다.
가운뎃손가락 위에 삐침丿을 놓은 것은

날카로운 끝을 가리기 위함입니다.
손은 공손의 손, 겸손의 '손'과 발음이 같습니다.
따라서 손은 따뜻함의 상징입니다.

3. 목용단目容端
눈을 단정하게 두어라

눈은 마음의 창입니다.
눈동자도 중요하지만 홍채도 못지않지요.
앞으로 홍채虹彩Irides 인식 기술은
우리 삶에 많은 부분을 차지할 것입니다.
관상학에 있어서 중요한 4가지가 있는데
첫째가 홍채요, 둘째가 정맥靜脈이며
셋째가 걸음걸이요, 넷째가 목소리입니다.
눈에서도 눈동자와 함께 홍채에
그의 마음과 그의 건강이 담겨 있습니다.

4. 구용지口容止
입을 함부로 놀리지 말라

입은 생명을 죽이고 살리는 기관입니다.
입이 있기에 음식을 섭취하고

입이 있기에 생각의 세계를 나눕니다.
그러므로 입을 잘 사용하면
생명을 살리고 명예를 살립니다.
그러나 입을 잘 쓰지 못하면
먹고 사는 문제는 말할 나위도 없고
훌륭한 덕을 악으로 만들고
아름다운 명예를 나락으로 떨어뜨립니다.
입의 움직임에는 지止가 필요합니다.

5. 성용정聲容靜
음성은 조용하고 차분하게 하라

관상학의 네 가지 중 넷째가 목소리지요.
변성기를 지난 뒤의 음성은
삶을 마감할 때까지 원형이 변치 않습니다.
제식 훈련을 통해 익힌 걸음걸이가
제 걸음걸이를 교정할 수 있지만
평소의 걸음걸이까지 완전하게 바꿀 수 없듯
변성기를 지나 완전 자기화된 음성은 쉽게 변하지 않기에
음성학을 범죄학에 이용하기도 합니다.
그러나 가능하다면 복된 음성으로
자신의 음성을 훈련할 필요가 있습니다.

6. 두용직頭容直

머리를 곧게 세워라

사람에게는 자신도 모르는 사이에
얼굴의 자세를 두는 버릇이 있습니다.
나는 증명사진을 찍을 때조차도
늘 고개가 오른쪽으로 기울어 있습니다.
그리고 어떤 일에 빠져 있을 때
나는 혀를 빼무는 버릇이 있습니다.

주위의 지적에 의해 고치기는 고쳐보지만
나중에 동영상을 보고는 깜짝 놀랍니다.
눈에 보이는 얼굴 자세 못지않게
이처럼 버릇도 하나의 관상에 들어갑니다.
머리는 청결하고 얼굴은 곧게 세우고
눈과 코와 입이 반듯하고 자애롭게 보이도록
끝없는 수련이 필요합니다.

7. 기용숙氣容肅

숨소리를 고르게 하라.

원하는 대학에 들어가기 위해

우리는 수능을 치르고 면접을 봅니다.
직장에 들어가기 위해서도
필기와 실기를 거치고
면접을 그것도 여러 차례 치르지요.
면접에서 중요한 것은 바로 성격입니다.
왜냐하면 실력은 필기로 드러났지만
면접을 통해 그의 성격이
호흡에서 드러나는 까닭입니다.

면접에서 숨소리만 듣나요.
그럴 리가 있겠습니까.
앞에서 든 여섯 가지 용모容 외에
이 7번째 기용숙을 봅니다.
기용숙에는 그의 건강과 성격이 들어있지요.
호흡이 크거나 작거나 고르지 못하고
불규칙하거나 급하거나 빠르거나
높고 낮거나 깊고 얕거나 하면
문제가 있지 않겠는지요.

**8. 입용덕立容德**

**서 있을 때 품위 있게 하라.**

걷는 걸음걸이만이 아니라
서 있는 모습이나 앉아 있을 때도
자세가 올곧고 올바르며 당당하다면
그는 세상을 헤쳐나갈 자격이 있습니다.
그러나 아무리 당당하다 하더라도
겸손이 빠져있는 당당은 교만이 되고
공손이 결여된 꼿꼿함은
거만으로 비칠 수밖에 없습니다.
따라서 몸가짐이 중요할 수밖에 없지요.

부처님께서는 32가지 상相을 지녔으되
자비와 지혜와 원력과 용기라는
이른바 4가지 덕성을 고루 갖추셨고
부처님은 80가지 호好가 있으시지만
법신 반야 해탈이란 3가지 덕이 있으십니다.
사람도 올곧고 올바름과 함께
너그러움과 포용의 덕을 지니지 않으면
완전한 기용숙이 될 수 없습니다.

9. 색용장色容壯
얼굴빛을 밝고 씩씩하게 하라.

남자든 여자든 나이가 40이 넘으면
자기 얼굴에 책임을 져야 합니다.
이 말은 에이브라함 링컨의 어록입니다.
콩푸즈孔夫子도 40을 불혹不惑이라 했습니다.

나는 나옹선사발원문을 좋아합니다.
내 이름에 내가 책임을 지는 사람
내 얼굴에 내가 책임을 지는 사람
나옹화상은 책임을 지는 것을 뛰어넘어
자신의 이름 하나, 얼굴 하나로도
다른 이를 교화할 수 있음을 말씀합니다.

시방세계 어디든지 인연따라 나투어서
중생들을 이끌어서 무위세계 들게하되
내이름을 듣는이는 삼악도를 면하옵고
내모습을 보는이는 모두해탈 얻어지다

기독교에서는 기도할 때
"하나님 이름으로, 예수님 이름으로,
기도하나이다 아멘"이라고 합니다.
우리나라에 기독교가 들어오기 훨씬 전
나옹화상은 이 땅에 살다간 수행자입니다.

내 이름으로 삼악도가 사라지고
내 얼굴로 해탈을 얻게 되리라는 말은
시사하는 바가 크다고 보여집니다.

### 아홉 가지 바른 마음가짐=九思

몸가짐에 대한 것이 구용九容이라면
이 구사九思는 마음가짐입니다.
몸가짐이 외형이라면
마음가짐은 내면의 세계입니다.
그렇다면 언어는 어디에 해당할까요.
그렇습니다. 언어는 내면과 외형 모두에 속하며
언어는 내면의 세계를 외형으로
외형의 세계를 내면으로 연결시키는
매우 중요한 역할을 담당하고 있습니다.

첫째 시사명視思明
사물을 볼 때 밝음을 생각하라.

어떤 사물을 어떻게 보느냐 하는 것은
매우 중요한 얘기입니다.

밝음을 생각하라에서 '밝음'은
물리학적 밝음이 있고
심리학적인 긍정적 사고가 있습니다.
물리학적으로 사물을 볼 때
밝음 곧 빛이 없다면 사물을 볼 수 있을까요.

사물을 긍정적으로 바라보라는 것입니다.
요즘 우리나라 상황을 일컬어
헬조선Hell朝鮮이라고들 합니다.
지옥처럼 암울한 시대 조선이란 뜻입니다.
장삼이사張三李四 평범한 이들이
헬조선을 얘기하는 것은 모르겠으나
이 시대의 정신세계를 이끌어가는 이들이
이들 입에서 '헬조선'이 나오는 것은
나는 도무지 이해가 잘 가지 않습니다.

그 말은 자신들은 헬조선에 대해
전혀 책임이 없다는 거나 같은 뜻입니다.
율곡 이이 선생은 얘기합니다.
사물을 볼 때 긍정적으로 밝게 생각하라.
부정은 부정의 세계를 만들고
긍정은 긍정의 세계를 만들어갑니다.

지옥을 생각하면 지옥이 다가오고
극락을 염원하면 극락이 펼쳐집니다.

힘들고 암울하고 어려운 시대일수록
희망을 심어주는 언어와 사고가 필요합니다.
나는 만해 한용운 어록에 나오는
〈조선 청년에게 고함〉이라는 글을 읽고
1980년 젊은 나이에 힘을 얻었습니다.
두 주먹을 불끈 쥐고 다시 일어섰습니다.

긍정의 언어
긍정적 사고
긍정적 행동
희망을 심어주는 리더가 필요합니다.

**2. 청사총聽思聰**
**소리를 들을 때 총명을 생각하라.**

소리를 가려 들을 수 있습니까.
눈은 보기 싫으면 감을 수 있고
먹기 싫거나 마시기 싫으면
입은 거부할 수 있습니다.

단식이나 거식이 가능한 것은
입이 생각에 따라 닫을 수 있는 까닭입니다.

어디 그뿐입니까.
보기 싫으면 눈을 감아도 되고
감는 것도 귀찮으면 돌아서면 됩니다.
입도 마찬가지입니다.
말하기 싫으면 입을 닫아도 되고
그러다 말하고 싶으면 그냥 열면 됩니다.
그런데 귀는 그게 잘 안 됩니다.
듣기 싫다고 하여 귀마개를 할 수도 없고
일일이 피해 다닐 수도 없습니다.

율곡 선생은 얘기합니다.
청사총聽思聰하라.
소리를 들을 때 총명함을 생각하라.
청사총의 대가大家가 있습니다.
인류사에서 이 사람을 넘을 사람은
아무리 눈 씻고 보아도 별로 없습니다.
부처님의 종제 아난다Ananba 존자입니다.
얼마나 대단하면 다문제일多聞第一이며
총지제일總持第一이겠습니까.

부처님의 법문을 가장 많이 들었으며
가장 완벽하게 기억하고 있었지요.
부처님께서 열반에 드신 뒤에
부처님 말씀을 편찬할 때
아난다의 송출誦出이 없었다면
부처님 가르침은 전해지지 않았을 것입니다.
스승의 한 말씀 한 말씀을 흘려듣지 않음이
청사총의 총聰입니다.

3. 색사온色思溫
표정을 지을 때 온화함을 생각하라.

불교의 게송에는 이런 게 있습니다.
워낙에 유명한 게송이라
소개하는 것조차 번거롭지만
많은 이들을 위한 까닭에 소개합니다.

성안내는 그얼굴이 참다운 공양구요
부드러운 말한마디 미묘한 향이로다
깨끗해서 티가없는 진실한 그마음이
언제나 한결같은 부처님의 마음일세

나 위해 먹고 남 위해 입는다고 하듯
먹고 마시고 음식을 조절하는 것은
바로 자기자신을 위해서입니다.
그러나 매무새를 다듬고 단장하고
메이크업을 통해 피부를 가꾸고 하는 것은
다른 이들을 위한 배려입니다.
잘 입고 곱게 단장하면 거기에 따라
표정도 가꾸려 노력하겠지요.
거울 앞에서 온화한 표정을 훈련하는 것은
보살행으로 가는 소중한 과정입니다.

4. 모사공貌思恭
행동에서는 공손함을 생각하라.



용모貌는 표정色과는 좀 다릅니다.
표정이 거의 얼굴에 국한된다면
용모는 표정을 포함한 온갖 행동거지와
매무새와 갖가지 예절을 모두 포함합니다.
구용九容과 중복되는 경우도 있지만
구사九思에서의 모사공貌思恭은
매무새를 비롯한 일거수일투족이
늘 공손과 닿도록 생각하라는 것입니다.

이를테면 《격몽요결》이 서序 외에
뜻을 세우는 편/立志章 제1
옛 습관을 바꾸는 편/革舊習章 제2
몸가짐 편/持身章 제3
공부하는 편/讀書章 제4
어버이 모시는 편/事親章 제5
장례 제도의 편/喪制章 제6
제례에 관한 편/祭禮章 제7
집에 머무는 편/居家章 제8
사람을 만나는 편/接人章 제9
세상에 처하는 편/處世章 제10이 있습니다.

이들 삶과 제도와 예법에 있어서
어떻게 책을 읽을 것이며
어버이는 어떻게 모실 것이며
장례는 어떻게 치르고
제사를 모시고
가정을 꾸리고
사람을 만나고
세상에 처하는 예법을 어떻게 닦을 것인지
그리고 그 모든 일에 있어서
공손함을 잃지 말라는 것입니다.

### 5. 언사충言思忠

**말할 때 충신忠信을 생각하라.**

충忠이란 중용中의 마음心이며
동시에 마음心의 중심中을 뜻합니다.
일상에서 가장 많이 사용하는 게
다름 아닌 언어言語입니다.
종교에서 내세우는 것이 무엇일까요.
믿음일까요.
바람일까요.
사랑일까요.
마음일까요
원력일까요.
비움일까요.
자비와 지혜일까요.

이들을 표현하기 위한 교류의 장으로서
복음福音을 얘기하고
묘음妙音을 얘기하고
관음觀音을 얘기하고
일음一音을 얘기하고
원음圓音 등을 얘기하고 있습니다.

말을 할 때는 충忠을 염두에 둘 일입니다.
중용中庸이 없는 언어
중도中道가 없는 언어
좌편향左偏向의 언어나
우편향右偏向의 언어는 삼갈 일입니다.
여편향與偏向 언어도 문제지만
야편향夜偏向 언어도 바람직하지 않습니다.
충忠이란 중심이고 중도며 중용입니다.

6. 사사경事思敬

일할 때는 공경을 생각하라.

일 사事 자는 '섬길 사'로 새기기도 합니다.
따라서 일이란 주어진 업무며
또는 사람 사이에서는 공경입니다.
맡은 바 일에 최선最善을 뛰어 넘어
공경하는 마음으로까지 하라는 것입니다.
어버이를 섬기듯 일 자체를 공경함입니다.

7. 의사문疑思問

의심나면 물음을 생각하라.

의심나는 점이 있다면 물을 일입니다.
요즘은 어디에 묻습니까.
저명한 스승들을 찾아 묻습니까.
아버지 어머니 선생님에게 묻습니까.
요즘은 네이버에 묻고, 다음에 묻고, 구글에 묻고
갖가지 검색 어플apple에 묻습니다.

율곡의 《격몽요결》 제4 독서장의 독서라는 말은
'책을 읽다'라는 기초적인 말씀입니다만
중국어에서는 곧 '공부의 뜻'입니다.
학문은 의심에서 시작하고
그 의심을 풀어가는 과정에서
조금씩 조금씩 목적지를 향해 나아갑니다.

과거 부처님께서도
의심나는 게 있으면 묻고 하셨지요.
현재 석가모니 부처님께서도 수행 중에
의심이 있으면 신분을 떠나 물으셨습니다.
묻는 것은 부끄러움이 아닙니다.

## 8. 분사난忿思難

분할 때는 어려움을 생각하라.

평소 점잖고 얌전하던 사람이
운전대에 앉으면 성격이 급해집니다.
평소 같으면 충분히 참을 수 있는데
참지 못하고 보복 운전을 합니다.
이른바 노상분노路上忿怒입니다.
순간의 분노를 잘 다스리면
큰 일 일으키지 않고도 무사할 텐데
참지 못하고 일을 저질러
엄청난 교통사고와 함께 후회를 만듭니다.



화가 날수록 자제함이 중요합니다.
자기만 다치는 데서 끝나는 게 아니고
보복 운전을 하게끔 유도한 자와 함께
제2 제3의 사고를 유발하게 되고
심지어 수십 중 추돌 사고를 일으킵니다.
분노忿怒의 '분'은 갈라分진 마음心이며
분노의 '노'는 종奴의 마음心입니다.
종의 마음은 열등 의식을 만들어냅니다.
로드 레이지Road rage는

첫째도 삭히고, 둘째도 삭히며, 셋째도 삭힐 일입니다.

9. 견득사의見得思義

얻음을 보면 의로움을 생각하라.

뜻하지 않은 재물이 생길 때
과연 정당한 이익인가 생각할 일입니다.
신분증을 제출하고 돈을 찾아가라고 한다면
보이스피싱인지 생각해보아야 합니다.
주민등록 앞자리거나
뒷자리를 달라면서 이익을 얘기하면
한번 곰곰이 생각해 볼 일입니다.
천자문과 관련이 있는지는 모르나
얘기가 많이 길어졌습니다.

## 0281 얼굴 용

얼굴 용容 자를 회의 겸 형성으로 보는데
나는 상형문자로 보고 싶습니다.
위의 갓머리宀는 두피, 또는 머리카락이고
아래의 골짜기 곡谷 중에서
위의 여덟 팔八 자는 두 눈썹이고
아래 여덟 팔八 자는 두 눈입니다.
그리고 입 구口 자는 입이지요.
이렇게 볼 때 얼굴이 확실합니다.



또 다른 해석은 물론 내 풀이이지만
갓머리宀는 집입니다.
그리고 골짜기 곡谷 자에서
위의 팔八 자는 두 팔이고
아래 팔八 자는 두 다리며
아래 입 구口 자는 여성의 생식기입니다.
라오즈老子는 그의 《道德經》에서
골짜기를 여성의 성性에 견주었지요.

집안의 여성은 아내며 주부입니다.

모두를 두루 다 감싸준다 하여

포용의 뜻으로 해석하기에 이르렀습니다.

## 0282 그칠 지

상형문자로서 대지一 위上에

크고卜 작은丨 초목이 솟아올라

자리를 잡았다止 하여 생겨난 글자입니다.

의미는 '멈추다Stop' '그치다'입니다.

사람의 발자국 모양을 본뜬 글자이기도 합니다.

## 0283 같을 약

스와힐리어로 싸메Same의 뜻입니다.
초두머리⺾와 함께 오른손으로
먹을 수 있는 나물을 캐는 모습이지요.
가차법에 해당하는 글자이기에
'만약' '같다' '빌림'의 뜻을 지닙니다.

탄자니아 동북부에 있는 시골틱한 도시
탄자니아 경제수도 다르에스살람에서
이웃나라 케냐의 수도 나이로비까지
연결된 고속도로 변 지역 중
킬리만자로 주州에 싸메가 있습니다.
내가 처음 아프리카에 갔을 때
현지인들이 "여기는 싸메Sameu입니다."
라고 하는 소리를 들으며 내가 물었지요.

"왜 싸메지! 쎄임Same이 아니고?"
현지인 모데스트modest가 말했습니다.

"쎄임과 싸메는 같은 말입니다."

쓰기는 영어철자로 써놓고

읽기는 스와힐리어 읽기로 읽습니다.

동양철학에서나 접할 수있는 글이었지요.

## 0284 생각 사

참 많이도 돌다가 여기 이르렀습니다.

생각 사思 자는 마음 심心이 부수고

회의문자 형성문자입니다.

마음心과 정수리田/囟가 뜻을 나타내며

소릿값을 지니기도 합니다.

신囟, 또는 전田은 농경상회의 계급 중

정부와 농민 계급으로 나누어졌고

이를 다스리기 위해서는 생각이 필요하다고 해서

생긴 글자입니다.

그게 정말입니까?

<072>

용容지止약若사思

언言사辭안安정定

0285 **말씀 언言**

0286 **말씀 사辭**

0287 **편안 안安**

0288 **정할 정定**



표정이며 행동거지 마음을쓰고

말로표현 하는데도 안정다하라

## 0285 말씀 언

# 言

말씀 언言 자는 언어의 총칭입니다.
말씀 언言 자를 자세히 들여다보면
매울 신辛 자에 입 구口 자입니다.
신辛 자는 손잡이가 있는 칼의 모양이고
구口는 맹세의 뜻을 지니고 있습니다.
다시 말해 믿음을 주지 못하거나
배신했을 경우 그에 따른 대가를 치르겠다는
서약이 깃들어 있는 게 언言 자입니다.

말씀, 말을 비롯하여
견해, 의견의 뜻도 있습니다.
글과 언론과 맹세의 말을 함께 지닙니다.
호령, 하소연, 건의, 허물 잘못과 서로 꺼리고 싫어하여
생긴 틈, 곧 혐극嫌隙의 뜻이 들어 있습니다.
요컨대, 다시 말하면, 이에 여쭈다, 묻다, 기재하다
적어 넣다, 또는 소송하다, 이간하다, 알리다
서로 헐뜯어 멀어지게 하다, 예측하다, 말하다

조문하다, 위문하다 따위입니다.

'말씀 언'자가 아닌
'화기애애할 은'으로 읽을 경우가 있습니다.
화기애애하면서 삼가는 모양이거나
위엄이 있는 모양일 때는
'언'이라 하지 않고 '은'으로 읽습니다.
'은'이라는 발음은 처음이라고요?
그럴 수도 있을 것입니다.
어느 누구도 언言을 '은'으로 읽지 않으니까
하지만 한문은 그래서 민감합니다.

어디 한문뿐인가요
영어도 똑같은 철자를 놓고
앞뒤 연결된 내용에 따라 발음이 다르고
일본어도 앞뒤 글자에 따라
받침의 발음이 달라지고 있습니다.
이는 우리말도 마찬가지입니다.

## 0286 말씀 사

# 辭

매울 신辛이 부수이며 총19획이지요.
말씀, 문체 이름, 핑계, 사퇴하다, 알리다
청하다, 타이르다, 사양하다 등으로 쓰입니다.

사辭 자가 워낙 복잡한 글자다 보니
그만 간체자가 발달했습니다.
말씀 사 辞/말씀 사辝/말씀 사辤로도 씁니다.
물론 같은 말씀 사辭 자입니다.
이 사辭 자에는 명료와 복잡이 섞여 있습니다.
곧 신辛이 간단 명료함이라면
란亂은 뒤섞임이고 복잡함이지요.
간단한 말辛로 복잡하게 얽힌 세계亂를
깔끔하게 처리함이 곧 사辭 자의 역할입니다.

## 0287 편안 안

인류사에 있어서 이 말보다
더 사랑받는 숙어는 아마 없을 것입니다.
'편안하다'입니다.

편안便安, 편안하다, 편안하게 하다
안존하다=아무 탈 없이 평안하게 지내다
즐거움에 빠지다, 즐기다, 좋아하다
어찌, 이에, 곧, 어디에, 안으로
속으로 따위의 뜻이 담겨 있습니다.

여기에 내가 덧붙이는 새김이 있습니다
아내 안安, 안사람 안安, 집사람 안安, 여인 안安입니다.
다른 말로 엄마 안安으로 새기고
며느리 안安, 주부 안安으로도 새깁니다.
왜 이런 새로운 새김을 만들었는지
나의 해석에서 엿볼 수 있습니다.

갓머리宀는 우주宇宙며 집住宅입니다.
여기에는 민갓머리冖를 포함합니다.
이 우주에 남자들만 존재하고
여자가 없다고 생각해 본 적이 있습니까.
거창하게 우주까지 들먹이느냐고요.
우주, 곧 집 우宇 집 주宙 두 글자가
다 갓머리를 머리에 이고 있습니다.

우주가 너무 넓고 광활하니까
축소하여 지구만 놓고 보도록 하겠습니다.
이 지구에 아내가 없고, 안사람이 없고, 여인이 없고
집사람이 없다고 상상해 보셨습니까?
상상이라! 생각도 하지 마십시오.
불필요한 생각을 할 게 뭐 있습니까?

그렇게 생각지 않더라도 지구에 사는
모든 생명의 75%가 다 여성이고 암컷인데요.
수컷은 남자를 포함하여 전체 25%입니다.
인간을 제외하고는 성비性比가 암컷이 높습니다.
암컷이 워낙 많이 차지하기 때문입니다.

집宀 안에, 지붕宀 아래

여자女가 있는 집은 편안安합니다.
아내女가 있는 집宀은 안정安定됩니다.
집사람이라도 좋고, 안사람이라 하더라도 좋습니다.
건강한 삶wellbeing이 유지되려면
집안을 안존하게 이끌어갈
엄마가 며느리가 주부가 있어야 합니다.

아내는 집이나 꾸려가는 사람이냐고
내게 화살을 날릴 분도 있겠지만
세상에서 집보다 가정보다
더 우선하는 것은 어디에도 없습니다.
만일 집안에 여자女가 없다亡면
이미 잘못된 가정妄입니다.
온전한 가정일 수 없습니다.

우리말에 '아내'라는 말은
안을 밝게 비추는 해라는 뜻입니다.
'안의 해'가 '안 해'로 안 해에서 '안해'로
안해에서 '아내'가 되는 과정을 거칩니다.
언어의 발달과정은 대부분이
그림씨形容詞에서 이름씨名詞로
움직씨動詞에서 이름씨로 바뀌어가지요.

영어로는 아내가 와이프wife입니다.
와이프의 머릿글자 W가
여성이 지닌 자궁womb에서 왔다면
자궁을 몸에 지닌 자W와 삶Life이
한자리에서 하나로 만나면서
L이 탈락하고 W가 자리를 차지하게 됩니다.
와이프는 라이프의 다른 뜻입니다.
와이프 없는 라이프는 있을 수 없습니다.

스와힐리swahilli어語에서
약혼녀를 음춤바mchumba라고 합니다.
여자친구를 음춤바라 하기도 하는데
한두 번 그냥 만난 사이가 아니라
사귐의 깊이가 깊을 때 음춤바라고 하지요.
이는 챔버chamber로서 방, 사적인 방, 침실을 뜻하는
독일어에서 온 말이라고들 하는데
언어의 시원에 대해서 나는 잘 모릅니다.

그러나 집을 뜻하고 방을 뜻하는
집사람 안사람과 같은 말임은 알고 있습니다.
한문으로 실인室人이나
또는 내자內子도 같은 의미입니다.

사람의 삶에는 안 세계가 있고 바깥 세계가 있습니다.
바깥 세계는 바깥양반이 대표고
안 세계는 안사람이 주인입니다.
그래서 바깥양반, 안주인이라 이름합니다.

안安은 평온함이고 조용함이며
평화가 온통 가득하여
시나브로 행복을 느낄 수 있는
한없이 너그러운 마음의 상태입니다.
이는 평화로움peaceful이며
조용하고 잔잔하고 차분함이며
고요하고 침착하고 아늑함calm입니다.

안安은 장소와 환경이 조용하고
평온하고 잔잔함입니다.
마음의 태도 등이 차분하고 평화롭고
변함없고 안정됨tranquil입니다.
따라서 안安은 외롭지 않음이며
사랑이 가득함이며
행복이 싹틈이며
마음을 주고받음이며
웃음과 대화가 자연스레 오감입니다.

## 0288 정할 정

# 定

원숭이는 잠시도 가만히 있질 못합니다.
그래서일까 원숭이를 보고 있노라면
불교에서 사람의 마음세계를
원숭이 행동에 비유하고 있음이
이해가 가고도 남습니다.
어떤 때는 우리 인간과 조상이 같다는
찰스 다윈의 진화론을 생각하면서
원숭이의 변덕보다 더 심한 것이
마음이라 스스로를 위로하고는 합니다.

따라서 사람이 제 마음을 다잡기가
얼마나 어렵고 또 어려울지
깊은 사고의 늪으로 빠져듭니다.
마음을 다잡을 때 마음을 한 곳에 집중하여
고요히 가라앉히고 아무 때나 움직이지 않는
안정된 상태를 선정禪定이라 합니다.

같은 뜻 다른 글자로
이마 정/정할 정 자가 있기는 한데
번체자 정定이나 간체자 정이
다 함께 갓머리宀를 쓰고 있다는 것은
마음의 조복은 강제성이 요구되는 대목입니다.
뱀은 그냥 놓아두면 자연스럽게
갈짓자之로 나아가게 마련이지요.
그러나 대통이나 파이프 속을 지날 때
뱀은 곧게 갈 수밖에 도리가 없습니다.

우리가 마음을 닦을 때에
가부좌를 틀고 앉아 좌선을 하도록 함은
그렇게 하지 않고서는 뱀처럼
갈지자로 나아갈 수밖에 없는 까닭입니다.
원숭이는 가만히 있지 못하는 성격이지만
밀폐된 우리 안에서 살게 되면
어쩔 수 없이 환경에 적응할 수밖에요.
이는 우리 마음도 마찬가지입니다.

정할 정/이마 정定에는
정하다, 정해지다, 바로잡다, 다스리다, 평정하다
편안하다, 안정시키다, 머무르다 준비하다, 자다, 그치다

이마 곧 이마=앞머리, 별이름, '반드시'의 뜻이 들어있습니다.

정定은 발足이 지붕宀 아래 있으니
움직이더라도 지붕 아래고
뛰더라도 지붕 아래입니다.
뛰어보았자 부처님 손바닥일 뿐입니다.
아무리 자유분방하게 움직인다 한들
지붕 아래의 문제일 뿐입니다.
아무리 달리고足 싶다 한들
마음 먹은 대로 달려지겠습니까.

언사안정言辭安定입니다.
언言이 직접적 말이라면
사辭는 간접적 말이며
언言이 주제 발표라면
辭는 주제를 놓고 토론함입니다
언言이 지나온 과거를 들춤이라면
사辭는 현재와 미래를 지향함입니다.

언言이 언言 스스로를 위해
존재하지 않으면 안 되는 언어라 한다면
사辭는 대중과의 소통을 위해

서로 교류하고 서로 얽혀 돌아가는
복잡계複雜界complex system입니다.
복잡계란 기상, 생명 현상, 화학 물질
수리 통계, 경제활동 등
수많은 요소들이 모여서 만든 체계입니다.

언사言辭는 복잡미묘합니다.
그러나 단순명료한 것이 언사입니다.
사람의 마음도 한없이 복잡하지만
알고 보면 텅 빔 그 자체입니다.

<073>

## 독篤초初성誠미美
## 신愼종終의宜령令

0289 **도타울 독篤**

0290 **처음 초初**

0291 **정성 성誠**

0292 **아름다울 미美**



**시작하는 그마음에 정성을쏟듯**
최후까지 삼가는일 마땅하도다

"독초는 성미가 좀 있단다."
훈장님 말씀이 기억납니다.
내가 되물었습니다.
"훈장님, 독초는 성미가 있다고요?"
"그래, 그러니까 독초지."
나중에 가서야 무슨 뜻인지 알았습니다만
'왜 상관없는 말씀을 하시지?' 하고 의아해했습니다.

기억하기 좋은 것으로
발음이 비슷한 것을 고른 것이지요.
그냥 '독초성미'라고 했다면
쉽게 외워지지 않았을 것입니다,
훈장님은 독초와 성미로 단락을 짓고
거기에 다시 토를 달아놓은 것입니다,
"독초는 성미가 있단다."라고

"처음부터 잘해"라는 말을 많이 쓰지요,
첫 단추가 잘못 끼워지면
그다음부터는 계속 잘못 끼워집니다,
천체물리학자들은 얘기합니다,
"지구와 달의 관계뿐만 아니라
지구와 다른 행성들과의 관계

지구와 태양과의 거리
중력을 비롯한 열역학적 관계까지도
처음 태양계가 시작될 때부터
미묘한 인연관계였기에
오늘날 이렇게 생명이 살게 되었다"고

나는 더 거슬러 올라갑니다.
특이점에서 빅뱅이라는 사건이 터질 때
수천만억조의 수천만억조의
수천만억조 분의 1초라는 짧은 순간이라도
그리고 수천만억조의 수천만억조의
수천만억조의 1원자 크기라도
에너지의 질량에 문제가 있었다면
지구는 고사하고 우리 태양계 자체가
이처럼 생성되지 않았을 것이라고 봅니다.

나의 어머니와 나의 아버지가
순간의 순간의 순간의 1초만큼이라도
사랑을 나눌 때 다른 생각이 개입되었다면
단언하건대 나는 여기 없을 것입니다.
나의 아버지와 나의 어머니 집안이
단 몇 cm만 더 멀었거나

가까이 살았더라면 두 분이 만났을까
아무리 곱씹어 생각해 보더라도
상황의 인연 관계가 실로 묘합니다.

내가 부처님을 만나고
부처님의 대승 정법을 만나고
스승이신 고암 대종사를 만나고
오늘날 인연 맺고 살아가는
도반과 시주들과의 관계를 생각해 보면
자다가도 벌떡 일어나 방안을 서성입니다.
소중한 인연들이기에 더 그렇습니다.
어느 날부터인가 기억은 나지 않으나
고맙다 소중하다는 말이 저절로 튀어나옵니다.

## 0289 도타울 독

# 篤

'도탑다'는 그림씨로서 서로의 관계에
사랑이나 인정이 많고 깊다는 뜻입니다.
우정이 도탑다, 신의가 도탑다
사랑이 도탑다 등으로 쓰고 있습니다.

대 죽竹 부수에 말 마馬 자를 쓰는데
말이 뜻을 나타내고 죽竹이 소릿값입니다.
그렇다고 죽竹과 독篤의 발음이
비슷하기는 하되 똑같은 것은 아닙니다.
우리의 한자 발음이 '죽'과 '독'이듯
중국어 발음도 '주zhu'와 '뚜du'입니다.
'주'와 '뚜'의 모음이 둘 다 'ㅜ'로서
비슷하기 때문에 소릿값으로 설정하고
형성形聲문자로 보는 것입니다.

말 발자국 소리가 따그락 따그락 난다면
이는 빨리 달리는 말일 것입니다

그러나 뚜뚜는 뚜벅뚜벅의 줄임말로서
천천히 걷는 말을 의미합니다.
말의 걸음걸이를 소리로 표현하되
'주' '뚜'라고 했다면 체신말遞信馬이나
전쟁터에서 닫는 말이 아니라
좌우를 돌아보며 유유자적 걷는 말입니다.

## 0290 처음 초

나는 처음 초初 자를 볼 때면
옷의 마름질을 떠올리고는 합니다.
왜냐하면 처음 초初 자가
옷 의衤 자에 칼 도刀 자를 한 글자로서
'옷감을 마름질하다'의 뜻을 갖고 있습니다.
디자이너가 새로운 옷을 디자인하고 나면
디자인된 그대로 마름질을 하지요.

마름질이 끝나고 나면

어패럴이 이어받아 옷을 짓습니다.
마름질은 순우리말인데
한문을 빌리면 절단, 재단이 될 것입니다.
"마름질이 바느질보다 어렵다"하듯이
옷을 디자인하든, 주택을 설계하든
도시를 설계하든 설계 단계가 소중합니다.

인간이 다른 동물들과 다른 점은
바로 옷을 입는다는 것입니다.
지구상의 어떤 생명체도
태어날 때 이미 의상을 다 지니고 있습니다.
가죽을 남기는 호랑이조차도
가죽 자체가 그에게는 의상인 셈이지요.

우아한 깃털을 자랑하는 백조 두루미 공작과
꾀꼬리처럼 앙증맞고 귀여운 새들
현미경을 통하지 않더라도
수천 가지 빛깔의 조화를 만들어내는
나비의 날개가 그대로 의상입니다.
바닷고기들의 비늘 옷을 보노라면
어떻게 저리 다양한 옷들을 갖추어 입었을까.
감탄에 감탄이 절로 나옵니다.

그러나 보십시오.
인간은 이런 살갗 의상이 없습니다.
인간의 살갗은 단조롭습니다.
같은 과科 같은 속屬에 들어 있는
다양한 종種의 새나 물고기 곤충들처럼
인간은 다양한 종이 없기 때문일까요.
기껏해야 흰 피부 검은 피부
동양인의 피부 정도로밖에는
구분이 되지 않습니다.

그러기에 인간에게서는
단조로움을 감추기 위한 다양한 옷 모양이
사람의 생각과 손길에서 탄생합니다.
문화를 엿볼 수 있는 최초의 시도가
어디서 시작되었을까요.
바로 몸에 걸치는 옷이 남상濫觴입니다.
문화니 문명이니 하는 문文은
옷을 갖추어 입은 성장의 이미지입니다.

나는 어려서 어머니의 옷마름질을
옆에서 보고 자랐습니다.
나의 어머니는 야학夜學에서

겨우 한글을 깨친 게 전부인 분이셨지만
기본적으로 조선의 여성들이 갖추어야 할
마실거리飮 먹을거리食 만들기
길쌈하고 베짜고 옷 짓기와
대인접객의 법도까지 다 갖춘 분이셨지요.

가족들의 옷을 손수 지어 입히셨는데
지금 생각해 보더라도
어떻게 그 옷들이 그렇게 편하고
몸에 딱딱 맞았는지 신기하기만 합니다.
백묵으로 선을 그리는 게 아니라
오리고 잘라 날 선들을 바늘과 실로
듬성듬성 시친 뒤 가위로 재단하셨지요.

옷을 짓기 전 마름질하는 데서
처음 초初 자가 생겨난 것을 생각한다면
한문학 하나만 제대로 익혀도
인류의 문화와 문명사를 꿸 듯싶습니다.

## 0291 정성 성

# 誠

한 마디로 얘기하면 정성 성誠 자는
말言대로 이루어지는成 도리입니다.

비나이다 비나이다
부처님전 비나이다
비나이다 비나이다
칠성님전 비나이다

그렇게 해서 빈 소원言대로 이루어成지면
이야말로 정성이 하늘에 닿은 것이요.
이루어成지지 않는다면 기도言가 부실했기 때문입니다.
기도言가 간절하면 기도한 대로 성취成 되니
우리는 이를 정성誠이라 합니다.
우리는 불전에 기도하고
기도한 대로 이루어지지 않으면
불보살님이 영험이 없다고 탓합니다.

그런데 이는 불보살님 탓이 아닙니다.
이는 분명 소도불所禱佛의 탓이 아니라
능도인能禱人의 정성誠 부족입니다.
기도하는 이의 기도가
전일하거나 온전하지 않은 까닭입니다.

## 0292 아름다울 미

조선의 교과서 《명심보감》〈성심편〉에
'양갱수미 중구난조羊羹雖美衆口難調' 라는
꽤 유명한 글이 실려 있습니다.
내용은 간단합니다.
"양고깃국이 비록 맛있다고는 하나
뭇사람 입을 다 맞추기는 어려우니라."

열네 살에 《명심보감》을 읽었는데
나는 그때 이 대목을 읽으면서
왜 직접적인 표현 맛 미味 자를 두고

굳이 아름다울 미美 자를 썼을까 했습니다.
게다가 소고기, 닭고기, 돼지고기도 있고
동태, 북어, 꿩고깃국도 있는데
어찌하여 양고깃국일까 했습니다.

중국에서는 양고기가 유명했겠지요.
오죽하면 국 갱羹 자에도
염소 고羔 자와 아름다울 미美 자가
따로따로도 아니고 함께 들어있겠습니까.
자세히 보면 아름다울 미美 자도
양羊 자 대大 자가 어우러진 글자입니다.
우리가 '아름답다'라고 하는 표현 속에는
양고기羊의 성대大한 맛이 들어 있습니다.

향기香는 일조량日照量을 충분히 받은
오곡백과禾가 가장 향기롭듯이
'아름다움'이란 말도 먹을거리에 있습니다.
'일조량日照量'이란 석 자 모두에는
날 일日 자가 빠짐없이 들어 있습니다.
이처럼 맛이 아름답다는 양고깃국의 한자
양갱羊羹에도 양과 닮은 양과羊科의 염소
게다가 이들의 맛을 표현한 미美조차도

양羊을 대표적으로 들고 있습니다.

아름답다는 말은 두 팔 벌린 아름으로 안아
가득한 느낌을 가질 때의 그 넉넉함으로
표현했다고는 하지만
중국 어문학의 뜻을 빌린다면
아름다움이란 느낌 역시
먹을거리와 맛에서 찾을 수 있습니다.

다시 보겠습니다.
진실로 아름다움의 세계란
처음을 도타웁게 하는 데서 오리니.

<074>

독篤초初성誠미美

신愼종終의宜령令

0293 **삼갈 신愼**

0294 **마칠 종終**

0295 **마땅 의宜**

0296 **하여금 령令**



시작하는 그마음에 정성을쏟듯

최후까지 삼가는일 마땅하도다

## 0293 삼갈 신

# 愼

## 0294 마칠 종

으레 마무리를 잘함이 소중합니다.
앞의 글이 처음을 도탑게 함이이라면
이 글은 마무리를 잘함입니다.
본디 처음이 있고 마무리가 있는 게 아니라
처음은 마침내 마무리로 가고
마무리는 새로운 처음으로 이어집니다.

저우씽쓰周興詞 선생은 알고 있었습니다.
계절이 순환하듯 삶에 순환이 있고
삶이 순환한다면 처음과 끝도
연결되는 어떤 끄나풀이 있을 것임을요.
인생도 그러할 것입니다.

개체가 그냥 개체로 끝나고 마는 것이라면
윤회의 법칙은 존재하지 않습니다.
단지 죽으면 그만이니까요.

우리 경기 광주시 사암연합회 주최로
봄 방생법회를 떠났습니다.
양양과 강릉의 바닷바람이 살가왔습니다.
살가운 바람에 벚꽃이 기지개를 펴며
완연한 봄을 알리고 있었습니다.

겉 눈은 감고 속 눈은 뜬
새악시 눈길처럼 계절은
살포시 눈을 뜨고 있었습니다.
겨우내 동면에 들어 잠자던 곰이
봄 꿈에서 깨어 동굴 밖을 살피는 삼감愼처럼
계절은 처음을 도탑게 열고 있었습니다.
봄이 제법이었습니다.
내가 참 좋아하는 하얀 벚꽃도
연분홍 진달래도 입을 열었습니다.

마음忄의 참眞 세계를 알고 싶다면
삼갈愼 때를 잘 살필 일입니다.

삼가 몸가짐이나 언행을 조심하고
근신하며 두려워함입니다.
속을 태우거나 근심하거나
심지어 우울해하는 것도 삼감입니다.
삼가는 행동. 삼가는 언어, 삼가는 마음에서
참 세계는 자락을 보입니다.

계절의 끝을 겨울冬로 알고 있었습니다만
겨울은 끝終이 아니었습니다.
봄으로 이어지는 어떤 끄나풀糸입니다.
이러한 순환의 참된 이치를
봄방생에서 완연히 느꼈습니다.

방생放生이 무엇입니까.
Setting free of captive Animals!
죽을 생명生을 놓아 줌放입니다.
이미 죽은 생명이 결코 아닙니다.
살아있기生에 놓아 줄放 가치가 있지
이미 숨이 끊어진 존재라면
놓아주기보다 왕생극락을 빌어야겠지요.

## 0295 마땅 의

방생放生은 자유로운 삶입니다.
어떠한 것에도 걸림이 없는
자유로운放 삶生으로의 환원還原입니다.
인간을 비롯한 모든 생명Life은
본디 자유로운Freedom 존재입니다.
이 자유로운 생명에게 얽힘이 생겼습니다.
욕망이었고 분노였고 질투였습니다.
자유로운 생명에 대한 무지였습니다.

방생은 인간이 물고기를 놓아주는
그런 인위적인 의식을 통해
더 큰 의식을 고취하는 것입니다.
인간이 이 세상 모든 생명들이
본디 자유로운 생명임을 인지하는 순간
방생 법회는 이미 온전해진 셈입니다.

푸줏간宀/冖 도마一 위에 놓인 고기月는

마땅 의宜/冝 자를 풀어놓은 것인데
이미 푸줏간 도마 위에 놓인 고기라면
이미 그에게 생명은 없는 것입니다.
글자 그대로 살아 있는生 목숨命일 때
생명은 바야흐로 가치를 지닙니다.

푸줏간 도마 위에 놓인 고기는
방생할 수 있는 시기를 놓친 것입니다.
푸줏간에서 팔려나가기를 기다리는 고기는
어패류가 아니라 육류인 까닭이지요.
살아 있는 소나 살아 있는 돼지가
도마 위에 올려져 있진 않기 때문입니다.
이들 고기는 주문令에 의해서이기도 하지만
보통 먹을 사람이 아직은 정해진 게 아닙니다.

인생은 어떨까를 생각합니다.
이미 숨이 끊어진 뒤 자유를 논하는 것은
그다지 큰 의미가 없습니다.
살아 있는 이 순간今이 중요합니다.
한문에서 시간을 가리킬 때
이미 지나간過去 제時際도 아니고
앞으로 다가올未來 제時際도 아닌

바로 지금今이라는 이此 제時際야 말로
생生에 있어서 가장 자유로워야放 합니다.

이미 숨이 끊어진 뒤
푸줏간 도마 위에서 자유를 부르짖음은
저승세계 염라대왕 앞에서
생환生還을 애걸하는 것과 같습니다.
방생은 진정한 방생이 되지 않으면 안 됩니다.

방생 법회 의식용으로 생포된 채
조그만 수족관 안에서 지내다가
필요에 의해 팔려나가
바다로 민물로 돌아가는 게
물고기에게 있어서 방생이라면
처음부터 잡지 않도록 시스템화하는 게
진정한 방생이라고 나는 생각합니다.

인간이 처음으로 세상에 태어날 때
얼마나 축복을 받았습니까.
처음을 도탑게 함은 만족할 만합니다.
그러나 삶을 마감하고 돌아갈 때
인생 마무리를 제대로 하고 있습니까.

태어날 때, 백일 때, 돌 때 그리고 생일 때
축하해주던 그 마음 마음 마음을
삶을 마감한 조상들에게도 쏟고는 있겠지요.

### 0296 하여금 령

독초성미篤初誠美와 신종의령愼終宜令은
수미상접首尾相接의 진리입니다.
마치 《묘법연화경》을 읽는 느낌입니다.
여기서 '하여금/명령 령令 자'가
시제를 표현하는 '이제 금今 자'와
한 점 차이라는 것은 이미 익히들 아시지요?

인생은 명령하면서 살고
또한 명령에 의지하며 살아갑니다.
세상에 태어난 것을 천명天命으로 알고
자신에게 주어진 소명召命을 다하며 삽니다.
그리고 살아가는 동안 영원한 이제今를 사는 것입니다.

**동봉스님의 천자문 공부 3권**

발행 2023년 8월

**지은이** 동봉 스님

**펴낸곳** 도서출판 도반
**펴낸이** 김광호
**편집** 김광호(월암), 이상미(다라), 최명숙
**대표전화** 031-983-1285
**이메일** dobanbooks@naver.com
**홈페이지** http://dobanbooks.co.kr
**주소** 경기도 김포시 고촌읍 신곡리 1168